사회평론

글 사회평론 과학교육연구소
대학에서 오랫동안 과학을 연구한 전문가들이 모여, 우리 아이들이 쉽고 재미있게 공부할 수 있는 책을 만들고 있습니다.

글 우현승
부산대학교 화학교육과를 졸업하고, 서울대학교 대학원에서 화학교육과 석사 학위를 받았습니다. 현재 대화고등학교에서 화학 교사로 근무하고 있습니다. 과학 교사 연구 모임인 '사랑의 과학나눔터'에서 활동하며 학생들에게 화학의 즐거움을 전달하기 위해 노력하고 있습니다.

글 이현진 (사회평론 과학교육연구소 연구원)
상명대학교에서 생물학과를 졸업하고 열린사이버대학교에서 심리학을 공부했습니다. 서울의대유전체의학연구소에서 연구원으로 있었으며, 와이즈만영재교육연구소와 아이스크림미디어에서 다수의 과학콘텐츠를 개발했습니다.

글 김형진 (사회평론 과학교육연구소 연구원)
연세대학교 천문대기과학과를 졸업하고 같은 대학교 대학원에서 석사, 박사 학위를 받았습니다. 과학자를 꿈꾸는 아이들에게 올바른 과학 개념과 과학적 태도를 함께 키울 수 있는 방법을 전달하기 위해 노력하고 있습니다. 현재 사회평론과학연구소 연구원으로 과학책을 만들고 있습니다.

글 설정민 (사회평론 과학교육연구소 연구원)
서울대학교 생물학과를 졸업하고 같은 대학교 대학원에서 석사 학위를 받은 뒤 박사 과정을 수료하였습니다. 아이에게 과학을 쉽고 재미있게 얘기해 주려 노력하다 보니 어린이를 위한 책을 만드는 일에도 관심을 가지게 되었습니다. 현재 사회평론과학연구소 연구원으로 과학책을 만들고 있습니다.

글 이명화 (사회평론 과학교육연구소 연구원)
서울대학교 물리교육과를 졸업하고 같은 대학교 대학원에서 석사, 박사 학위를 받았습니다. 10여 년간 중학교에서 과학을 가르쳤으며, 미국 아리조나 주립대에서 물리학으로 박사 학위를 받고 독일, 미국, 영국에서 연구원으로 근무하였습니다. 쉽고 재미있는 과학책을 쓰는 일에 관심을 갖고 있으며, 현재 사회평론과학연구소 연구원으로 과학책을 만들고 있습니다.

그림 김인하
시각디자인을 전공하고 1999년 월간지에 만화를 연재하며 작품 활동을 시작하였습니다. 《건방진 우리말 달인》, 《똑똑한 어린이 대화법》 등에 그림을 그렸습니다. 이 책을 읽는 어린이들의 밝은 미래를 기원합니다.

그림 뭉선생
2004년 LG 동아 국제만화 공모전에 입상하며 작품 활동을 시작했습니다. 그린 책으로 《조지의 우주를 여는 비밀 열쇠》 시리즈, 《용선생 만화 한국사》 시리즈, 《용선생 처음 한국사》 시리즈, 《용선생 처음 세계사》 시리즈 등이 있습니다.

그림 윤효식
2002년 《소년 챔프》에 〈신검〉으로 데뷔하여 어린이에게 유익한 학습 만화를 그리고 있습니다. 그린 책으로 《마법천자문 사회원정대》 시리즈, 《용선생 만화 한국사》 시리즈, 《용선생 처음 한국사》 시리즈, 《용선생 처음 세계사》 시리즈 등이 있습니다.

감수 노석구
서울대학교 화학교육과를 졸업하였으며 같은 대학교 대학원에서 석사, 박사 학위를 받았습니다. 한국교육개발원 연구원을 거쳐 현재 경인교육대학교 과학교육과 교수로 재직 중입니다. 집필한 책으로 《초등과학 교수 학습 지도안 작성을 위한 수업컨설팅》, 《놀이를 활용한 신나는 교실 수업》외 다양한 과학 교과서와 지도서 등이 있습니다.

캐릭터 이우일
홍익대학교에서 시각디자인을 공부한 만화가입니다. 그림책 작가인 아내 선현경, 딸 은서, 고양이 카프카와 함께 그림을 그리고 글을 쓰며 살고 있습니다. 지은 책으로 《우일우화》, 《옥수수빵파랑》, 《좋은 여행》, 《고양이 카프카의 고백》 등이 있고, 그린 책으로 《노빈손》 시리즈, 《용선생의 시끌벅적 한국사》 시리즈, 《교양으로 읽는 용선생 세계사》 시리즈 등이 있습니다.

용선생의 시끌벅적 과학교실

산과 염기

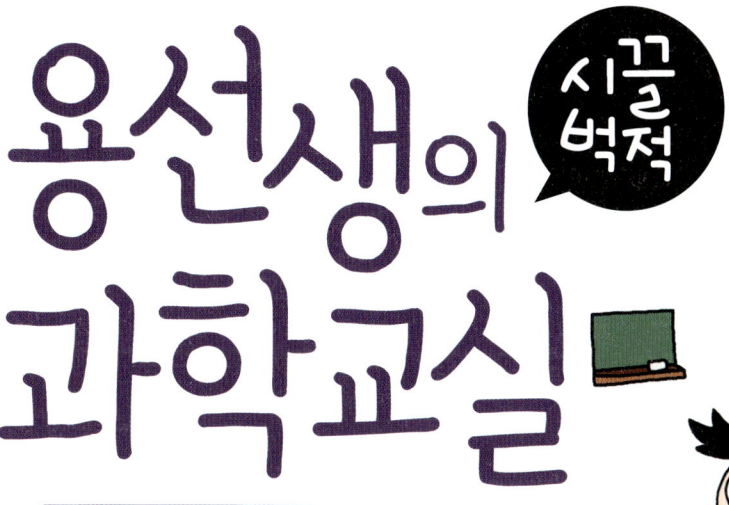

글 사회평론 과학교육연구소·우현승 | 그림 김인하·뭉선생·윤효식 | 감수 노석구 | 캐릭터 이우일

신맛과 쓴맛의 정체는?

사회평론

프롤로그

여러분, 안녕? 과학반을 맡은 용선생이야. 내 명성은 익히 들어 봤겠지? 역사반과 세계사반을 모두 훌륭하게 성공시키며 방과 후 교실 최고의 인기 교사가 된 그 용선생이란다. 교장 선생님께서 특별히 부탁하셔서 이번에는 과학반을 맡게 되었어. 어찌나 사정을 하시던지 도무지 거절할 수가 없었지 뭐야. 그래서 이 몸이 깜짝 놀랄 수업을 준비했단다.

우리의 수업은 언제나 질문과 함께 출발해. 세상을 둘러보다가 누군가 "저건 왜 그래요?" 하고 질문하면 바로 그 순간 수업이 시작되는 거지. 이제부터 용선생의 시끌벅적 과학교실을 제대로 즐기는 방법을 하나씩 알려 줄게.

첫째, 과학반 친구들과 함께 호기심을 갖고 질문해 봐. 과학을 어렵게만 생각하지 말고, 매 교시마다 아이들이 어떤 호기심을 가지는지 관심을 가져 봐. 과학반 친구들과 함께 '왜 그럴까?', '어떻게 알아낼 수 있을까?' 고민하다 보면 어렵던 과학도 쉽게 느껴질 거야.

둘째, 어려운 내용은 사진과 그림으로 이해해 봐. 어려운 과학 개념과 원리를 한 장의 사진이나 그림을 통해 단숨에 이해할 수도 있어. 그래서 너희를 위해 사진과 그림을 많이 준비했단다. 글을 읽다가 어렵다 싶으면 옆에 있는 사진과 그림을 봐. 잘 이해되지 않던 내용이 틀림없이 술술 이해될 거야.

셋째, 배운 내용을 되새기며 머릿속에 정리해 봐. 왁자지껄한 수업을 마치고 나면 뭘 배웠는지 정리가 안 될 때도 있을 거야. 그럴 때를 대비해 중간중간 핵심 정리를 준비했어. 또 배운 내용을 4컷 만화로 재미있게 요약해 두었지. 게다가 교시가 끝날 때마다 나선애의 정리노트도 마련했단다. 이 정도면 학습 정리는 문제없겠지?

과학은 분야도 다양하고 배울 내용도 아주 많아. 쉽게 이해할 수 있는 부분도 있지만, 여러 번 곰곰이 생각해 봐야 알 수 있는 부분도 있지. 이 책을 여러 번 다시 읽다 보면 구석구석 빠짐없이 모두 이해될 거야.

자, 이제 용선생의 시끌벅적 과학교실을 제대로 즐길 준비가 됐겠지? 그럼 신나는 수업을 시작해 볼까?

차례 | 산과 염기

1교시 | 산의 종류와 성질

왜 신맛이 날까?

신맛이 나는 물질의 정체는? ··· 12
산의 또 다른 성질은? ··· 16
산의 무시무시한 성질은? ··· 19

나선애의 정리 노트 ··· 22
과학퀴즈 달인을 찾아라! ··· 23

교과연계
초 5-2 산과 염기

3교시 | 산과 염기의 정의

산과 염기를 물에 녹이면?

산과 염기에 들어 있는 건? ··· 41
산이란? ··· 43
염기란? ··· 46

나선애의 정리노트 ··· 50
과학퀴즈 달인을 찾아라! ··· 51
용선생의 과학 카페 ··· 52
 - 산성비와 산성눈

교과연계
초 5-2 산과 염기 **중 2** 물질의 구성

2교시 | 염기의 종류와 성질

왜 미끌거릴까?

하수구 세정제에 든 물질은? ··· 27
염기에는 여러 가지가 있어! ··· 29

나선애의 정리노트 ··· 34
과학퀴즈 달인을 찾아라! ··· 35
용선생의 과학 카페 ··· 36
 - 동물들도 산과 염기를 이용해!

교과연계
초 5-2 산과 염기

4교시 | 산·염기 지시약

산과 염기는 어떻게 구별할까?

포도주스만 변하는 게 아니야! … 56
색이 변하는 종이의 비밀 … 60
또 다른 지시약 … 64

나선애의 정리노트 … 68
과학퀴즈 달인을 찾아라! … 69

교과연계
초 5-2 산과 염기 | 중 2 물질의 구성

6교시 | 중화 반응

산과 염기가 만나면?

충치는 왜 생길까? … 92
산과 염기가 만나면? … 94
한 개씩 만나! … 98
물이 생길 때 일어나는 일 … 100

나선애의 정리노트 … 104
과학퀴즈 달인을 찾아라! … 105
용선생의 과학 카페 … 106
 - 중화 반응을 알면 독도 문제없어!

교과연계
초 5-2 산과 염기 | 중 2 물질의 구성

5교시 | 산과 염기의 세기

더 강하고 약한 것이 있다고?

염기성의 세기는 왜 다를까? … 72
금속을 넣으면 알 수 있어 … 76
전류로 알 수 있어 … 79
색으로 알 수 있어 … 83

나선애의 정리노트 … 86
과학퀴즈 달인을 찾아라! … 87
용선생의 과학 카페 … 88
 - 우리 몸에도 산과 염기가 있어!

교과연계
초 5-2 산과 염기 | 중 2 물질의 구성

가로세로 퀴즈 … 108
교과서 속으로 … 110

찾아보기 … 112
퀴즈 정답 … 113

등장인물

용쓴다 용써!
용선생

- 체력 ★★★
- 지력 ★★★★★
- 감성 ★★★
- 호기심 ★★★★★
- 유머 ★★

열정이 가득한 과학 선생님. 하늘을 향해 거침없이 솟은 머리카락과 삐죽삐죽한 수염이 매력 포인트. 생생한 과학 수업을 하기 위해 물불을 가리지 않는다.

장하다 장해!
장하다

- 체력 ★★★★★
- 지력 ★
- 감성 ★★★
- 호기심 ★★★★★
- 유머 ★★★★

'튼튼하게만 자라 다오.'라는 아버지의 소원대로 튼튼하게 자랐다. 성격은 일등, 성적은 비밀이다. 시험을 못 봐도 씩씩하고 엉뚱한 질문으로 수업에 활력을 준다.

오늘도 나선다!
나선애

- 체력 ★★★★
- 지력 ★★★★
- 감성 ★★★
- 호기심 ★★★★★
- 유머 ★★★

과학자를 꿈꾸는 우등생. 공부도 잘하고 아는 게 많아서 모든 일에 앞장서는 타입이다. 겉으로는 차가워 보이지만 내심 따뜻한 면도 가지고 있다. 전혀 티가 안 나서 그렇지.

잘난 척 대장
왕수재

- 체력 ★★★
- 지력 ★★★★
- 감성 ★
- 호기심 ★★★★★
- 유머 ★

세상에서 자기가 제일 잘난 줄 안다. '천재는 외로운 법이고 질투의 대상인 법'이라나. 친구들에게 깐족거리는 데에도 천재적이다. 그래도 수업에는 늘 적극적으로 참여한다.

낭만 가득
허영심

체력 ★★★★★
지력 ★★★
감성 ★★★★
호기심 ★★★★★
유머 ★★

감성이 풍부해도 너무 풍부하다. 떨어지는 낙엽이나 밤하늘의 별을 보며 눈물짓고, 조그만 벌레와 대화를 나누는 사차원 성격. 하지만 누구보다 정이 많고 낭만적이다.

과학반 귀염둥이
곽두기

체력 ★★★
지력 ★★★★
감성 ★★★★
호기심 ★★★★★
유머 ★★★★

형과 누나들의 귀여움을 독차지하는 과학반 막내. 나이도 가장 어리고 타고난 동안이라 언뜻 보면 유치원생 같다. 훈장 할아버지 덕에 어려운 단어를 줄줄 꿰고 있다.

우리를 찾아봐!

수소 이온
산이 물에 녹으면 나오는 이온으로, (+)전하를 띠며 산성을 나타내.

수산화 이온
염기가 물에 녹으면 나오는 이온으로, (-)전하를 띠며 염기성을 나타내.

염산
산성이 매우 강한 물질로, 금속과 탄산 칼슘을 빠르게 녹일 수 있어.

수산화 나트륨
염기성이 매우 강한 물질로, 단백질을 녹일 수 있어.

리트머스 종이
산과 염기를 구별해 주는 종이로 된 지시약으로, 붉은색과 푸른색이 있어.

BTB
산과 염기를 구별해 주는 지시약으로, 산성, 중성, 염기성에서 각각 다른 색으로 변해.

"두기야, 너를 위한 선물이야."

장하다가 곽두기에게 사탕을 건네자 곽두기가 날름 받아먹었다.

"윽, 너무 셔! 무슨 사탕이 이래?"

인상을 쓰는 곽두기를 보며 장하다가 깔깔거렸다. 용선생이 둘을 보며 말했다.

"하다가 신맛 나는 사탕을 줬나 보네."

"선생님! 사탕이 왜 달지 않고 신맛이 나는 거죠?"

 ## 신맛이 나는 물질의 정체는?

"이 사탕에는 신맛을 내는 물질이 들어 있거든. 이 물질을 '산'이라고 해. 산은 시다는 뜻을 가진 말이지."

"그러면 레몬도 신맛이 나니까 산이 들어 있겠네요?"

"그렇지. 레몬 말고 또 어떤 게 신맛이 나지?"

"귤이요. 귤도 신 게 많아요."

"사과도요."

"맞아. 레몬, 귤, 사과 모두 과일이지? 과일 중에는 산이 들어 있는 게 많아. 산에는 여러 종류가 있는데, 레몬과 귤에는 시트르산, 사과에는 사과산이 들어 있지."

"어? 모두 '산'으로 끝나네요."

신맛이 나는 과일에는 대부분 산이 들어 있지!

레몬과 귤에는 시트르산이 들어 있어서 신맛이 나.

사과에는 사과산이 들어 있어.

▲ 레몬   ▲ 귤   ▲ 사과

"맞아! 예리한걸?"

"하다가 가져온 사탕에는 어떤 산이 들어 있는데요?"

"글쎄? 그건 사탕 봉지에 쓰인 재료를 확인해 봐야 할 것 같구나."

그러자 장하다가 사탕이 들어 있던 봉지를 꺼냈다.

"재료 중에서 '산'으로 끝나는 걸 찾으면 되는 거죠?"

"맞아."

돋보기까지 꺼내 사탕 봉지 뒷면을 유심히 들여다보던 장하다가 큰 소리로 외쳤다.

"찾았어요! '구연산'이에요."

"잘했어. 구연산은 시트르산의 다른 이름이야. 이 사탕에 들어 있는 산은 레몬과 귤에 있는 산과 같은 종류구나."

"으, 어쩐지 엄청 시더라."

레몬의 신맛이 떠오르는지 아이들이 얼굴을 찡그렸다. 이때 무언가 떠올랐다는 듯 허영심이 손을 들었다.

"선생님, 혹시 사이다 같은 탄산음료에도 산이 들어 있어 있어요? 탄산도 산으로 끝나잖아요."

"야, 허영심! 그건 좀 억지 아니냐? 이름이 산으로 끝난다고 해서 다 산이겠냐?"

"하하, 억지가 아니라 탄산도 산이 맞아."

"어? 정말요?"

"응. 너희들 탄산음료에서 뽀글뽀글 가 올라오는 걸 본 적이 있지? 그 기포는 탄산음료에서 빠져나오는 이산화 탄소야. 이산화 탄소가 물에 녹은 걸 탄산이라고 해."

"그런데 탄산음료는 신맛이 안 나잖아요? 오히려 달기만

 곽두기의 낱말 사전

기포 공기 기(氣) 거품 포(泡). 액체나 고체 속에 기체가 들어가 거품처럼 동그랗게 부풀어 있는 것을 말해.

용선생의 과학 현미경

이산화 탄소는 공기의 약 0.04%를 차지하는 기체로, 우리가 내뱉는 숨에도 들어 있어.

▲ 여러 가지 탄산음료

▲ 탄산음료 속 이산화 탄소

하던데."

장하다가 모르겠다는 표정으로 고개를 갸우뚱하자 용선생이 대답했다.

"탄산음료에는 설탕같이 단맛이 나는 물질이 많이 들어 있어서 신맛이 잘 느껴지지 않을 뿐이야."

"신맛 하면 난 제일 먼저 식초가 생각나는데. 식초에도 산이 들어 있나요?"

"맞아. 식초에는 아세트산이라는 산이 들어 있어."

"진짜 신맛이 나는 물질에는 전부 산이 들어 있네."

그때 장하다가 손가락을 딱 튕기며 말했다.

"아하! 그럼 앞으로 맛을 보고서 신맛이 나면 산이라고 생각하면 되겠군요."

"음……. 그건 조금 위험한 생각이야. 어떤 물질은 우리 몸에 해로워서 맛을 보면 안 되는 것도 있거든."

그러자 허영심이 궁금한 얼굴로 물었다.

"그러면 그런 물질은 산인지 아닌지 어떻게 구분해요?"

신맛이 나는 물질을 산이라 해. 과일, 탄산음료, 식초 등에 산이 들어 있어.

 산의 또 다른 성질은?

"산은 신맛을 내는 성질만 있는 게 아니야. 다른 물질을 녹이는 성질도 있지. 이 성질로 산을 구분할 수 있어."

"그렇군요. 뭘 녹이는데요?"

"바로 탄산 칼슘이란 물질이야. 주변에서 가장 많이 볼 수

 용선생의 과학 현미경

치아도 탄산 칼슘으로 이루어져 있어서 산에 녹아. 그러니 탄산음료를 적게 먹는 게 좋겠지?

▲ **식초에 담근 달걀** 담근 지 일주일 정도 지나면 껍데기가 녹아 알맹이만 남아.

있는 탄산 칼슘은 달걀 껍데기이지."

용선생은 식초가 담긴 비커에 달걀을 껍데기째로 넣었다. 아이들이 몰려와 관찰했다.

"와! 기포가 생겨요!"

"기포는 달걀 껍데기가 녹으면서 생기는 거야. 달걀을 이렇게 식초에 일주일 정도 담가 두면 껍데기가 모두 녹아서 알맹이만 남지."

"우아, 신기해요! 달걀 껍데기 말고 또 산에 녹는 게 있어요?"

▲ 석회암

"달걀 껍데기처럼 탄산 칼슘으로 이루어진 물질은 모두 산에 녹아."

"탄산 칼슘이 또 어디 어디에 있는데요?"

"조개껍데기, 분필, 진주에도 있고, 석회암과 대리암이란 암석에도 있어."

▲ 대리암

그러자 나선애가 손을 들고 물었다.

"어? 얼마 전에 석회 동굴 갔다 왔는데, 석회암의 석회랑 석회 동굴의 석회가 같은 건가요?"

"맞아! 석회 동굴은 석회암으로 이루어진 동굴이야. 대리암은 석회암이 깊은 땅속에서 눌리거나 열을 받아서 성질이 변한 암석이지. 모두 탄산 칼슘이 들어 있단다."

나선애의 과학 사전

암석 땅 위와 땅속 물질들이 뒤섞여 단단하게 굳은 물질이야.

나선애가 다시 물었다.

"석회 동굴에 가 보니 동굴이 엄청 크던데, 그렇게 큰 동굴이 어떻게 만들어진 거예요?"

"혹시 석회 동굴도 산에 녹아서 생긴 거 아니야?"

왕수재의 말에 장하다가 웃음을 터뜨렸다.

"푸하하, 말도 안 돼! 그렇게 큰 동굴이?"

그러자 용선생이 손가락을 딱 튕기며 말했다.

"수재 말이 맞아! 석회 동굴은 석회암이 오랜 세월 동안 지하수에 녹아서 만들어진 특이한 지형이야."

"헐! 지하수가 암석을 녹인다고요?"

"그래. 지하수에는 이산화 탄소가 녹은 탄산이 들어 있

▼ **석회 동굴** 지하수와 석회암이 만나면 암석이 녹아 물처럼 흘러내리다가 굳어. 그 결과 이런 독특한 동굴이 생겨.

어서 석회암을 녹일 수 있어. 물론 저렇게 큰 동굴이 만들어지려면 수백만 년 이상 걸리지."

"정말 신기하다!"

"너무 멋져요! 언제 다 같이 석회 동굴에 놀러 가요!"

산은 달걀 껍데기, 조개껍데기, 석회암처럼 탄산 칼슘으로 된 물질을 녹일 수 있어.

 ## 산의 무시무시한 성질은?

"하하, 신기하지? 그런데 산의 능력은 이뿐만이 아니야. 산은 암석보다 단단한 것도 녹일 수 있거든."

"암석보다 단단한 게 뭔데요?"

"바로 금속이지. 산은 심지어 금속도 녹일 수 있다고!"

"정말요? 금속을요?"

"그럼! 산의 무시무시한 성질을 보여 줄까?"

용선생은 액체가 든 시험관에 작은 금속 조각을 넣었다.

"이건 묽은 염산이란 산이야. 이 안에 금속을 넣으니 어

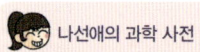

나선애의 과학 사전

마그네슘 밝은 은색을 띠는 가벼운 금속으로 산에 매우 잘 녹고, 쉽게 부러지는 성질이 있어.

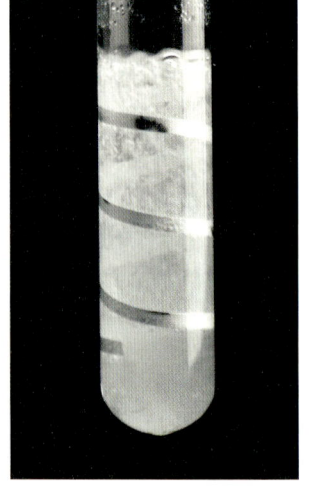

▲ 마그네슘이 묽은 염산에 녹는 모습

▲ 플라스틱 통에 담긴 식초

떻게 되지?"

"우아! 금속 주변에 기포가 엄청 많이 생겨요."

"그러면서 금속이 점점 작아져요!"

"잘 관찰했어. 지금 묽은 염산에 넣은 건 마그네슘이란 금속이야. 산은 마그네슘은 물론이고 철, 알루미늄, 아연 같은 금속도 녹여."

"그러면 탄산음료나 식초도 금속을 녹여요?"

"그럼! 탄산음료나 식초는 묽은 염산보다 금속을 천천히 녹여. 그래도 금속을 녹이는 성질이 있으니까 산을 금속으로 된 그릇에 보관하면 안 돼."

"아, 그래서 식초가 플라스틱 통이나 유리병에 담겨 있는 거군요."

"그렇지. 잘 아는데?"

그때 장하다가 가방에서 탄산음료 캔을 꺼냈다.

"그러면 설마 이 알루미늄 캔도 탄산음료에 녹고 있는 거예요?"

"헉! 나도 탄산음료 엄청 좋아하는데, 먹으면 안 되는 거예요?"

아이들이 놀란 얼굴로 묻자 용선생이 껄껄 웃으며 대답했다.

"그건 아니야. 원래 알루미늄은 산에 녹지만, 캔에 사용된 알루미늄은 표면에 보호막이 있어서 산에 녹지 않아."
장하다가 다행이라는 듯 손으로 가슴을 쓸어내렸다.
"산은 정말 능력자네요. 저처럼요. 하하."

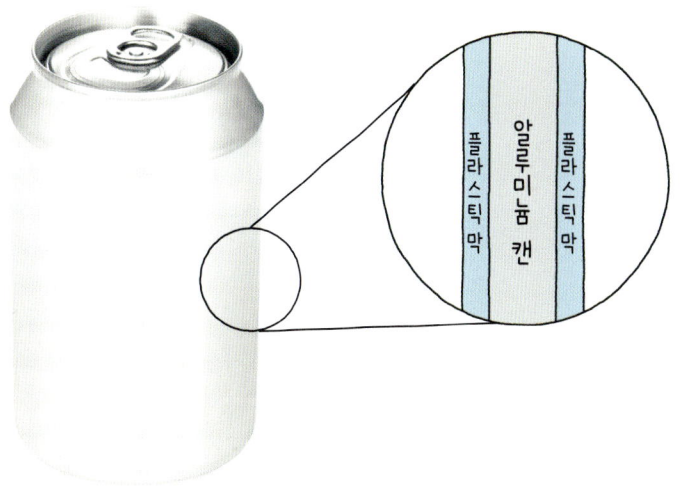

▲ 탄산음료를 담는 알루미늄 캔

 핵심정리

산은 금속을 녹이기도 해. 그래서 금속으로 된 용기에 산을 보관하면 안 돼.

 나선애의 정리노트

1. 산의 정의와 종류
① ⓐ [_____] 이 나는 물질
② 산의 대부분은 이름이 '산'이란 글자로 끝남.

| 시트르산 | 사과산 | ⓑ [_____] | 아세트산 |

(레몬, 귤 / 사과 / 탄산음료 / 식초)

2. 산의 성질
① ⓒ [_____] 을 녹임.
　[예] 달걀 껍데기, 조개껍데기, 분필, 진주, 석회암, 대리암 등
② ⓓ [_____] 을 녹임.
　[예] 마그네슘, 철, 아연 등
→ 대부분의 산은 금속이 아닌 플라스틱이나 유리에 보관함.

ⓐ 신맛 ⓑ 탄산 ⓒ 탄산칼슘 ⓓ 금속

 # 과학퀴즈 달인을 찾아라!

●정답은 113쪽에

01

친구들이 이번 시간에 배운 내용에 대해 이야기하고 있어. 옳으면 O, 옳지 않으면 X를 표시해 줘.

① 산은 신맛이 나. (   )

② 석회 동굴은 탄산이 든 지하수가 탄산 칼슘으로 된 석회암을 녹여서 만들어진 거야. (   )

③ 식초는 철 같은 금속으로 된 용기에 보관하는 게 좋아. (   )

02

장하다가 미로를 통과하려고 해. 산이 들어간 물질을 따라 가면 올바른 길이 나올 거야. 미로를 잘 빠져나올 수 있게 도와줘.

2교시 | 염기의 종류와 성질

왜 미끌거릴까?

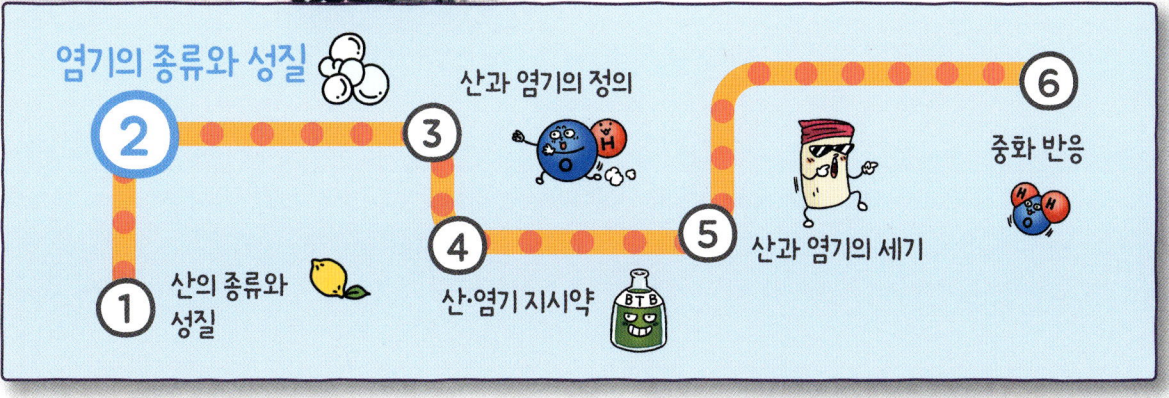

"선생님, 큰일 났어요! 화장실 세면대에 물이 안 내려가요!"

왕수재의 말에 용선생과 아이들이 화장실로 달려갔다.

"이런! 하수구가 막혔구나. 나에게 해결 방법이 있지!"

용선생은 화장실 창고에서 하수구 세정제를 가져왔다.

"짠! 바로 하수구 세정제야!"

"하수구 세정제요? 그게 뭔데요?"

"하수구 세정제는 세면대 같은 곳의 하수구가 막혔을 때 뚫어 주는 약품이야. 막힌 세면대에 붓고 30분 정도 기다리면 하수구가 뻥 뚫리지!"

"와! 대체 뭐가 들어 있기에 막힌 하수구가 뻥 뚫리는 거예요?"

하수구 세정제에 든 물질은?

"하수구 세정제의 주재료는 바로 이거야."

용선생은 서랍에서 접시를 꺼내 아이들에게 보여 주었다.

"흰색 알갱이들이네요? 그게 뭐예요?"

"수산화 나트륨이라고 해. 수산화 나트륨은 손에 닿으면 미끌미끌하고, 단백질을 녹이는 성질도 있어."

"단백질을 녹이는 물질이 왜 하수구 세정제에 들어 있는 거예요?"

"세면대 하수구를 막는 물질의 대부분은 머리카락이야. 머리카락은 단백질로 되어 있지. 하수구 세정제에 단백질을 녹이는 수산화 나트륨이 들어 있어서 머리카락으로 막힌 하수구를 뚫을 수 있는 거야."

▲ 수산화 나트륨

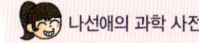

나선애의 과학 사전

단백질 우리 몸을 구성하는 영양분 중 하나야. 피부, 근육, 머리카락 등이 단백질로 되어 있어.

▲ 하수구를 막은 머리카락

▲ 하수구 세정제

"아하, 그렇군요."

"그런데 그거 아니? 우리가 매일 쓰는 비누의 재료도 수산화 나트륨이야."

"네에? 수산화 나트륨은 단백질을 녹인다면서요."

"하하, 수산화 나트륨은 비누를 만들 때 들어가는 여러 가지 재료 중 하나일 뿐이야. 비누를 쓴다고 피부가 녹는 것은 아니니 걱정하지 마."

"휴, 그렇다면 다행이네요."

"대신 만졌을 때 미끌미끌한 성질은 여전히 가지고 있단다."

▲ 비누

"맞아요. 비누는 엄청 미끌미끌하죠."

"그러면 하수구 세정제도 미끌미끌한가요?"

"응, 하지만 하수구 세정제는 직접 만지면 절대로 안 돼. 이건 수산화 나트륨도 마찬가지야. 만약 이것들을 만지면 처음엔 미끌미끌하지만 곧 피부가 화끈거려. 아까 말했듯이 하수구 세정제와 수산화 나트륨은 단백질을 녹이는 성질도 있기 때문이야."

"어휴, 하수구 세정제를 사용할 때에는 정말 조심해야겠네요."

"그래서 아까 선생님이 손에 고무장갑을 낀 거군요."

"맞아. 수산화 나트륨과 수산화 나트륨이 들어간 비누, 하수구 세정제는 모두 손으로 만졌을 때 미끌거리는 성질이 있어. 이러한 물질들을 묶어서 염기라고 한단다."

염기는 손으로 만지면 미끌거리는 성질이 있어. 몇몇 염기는 단백질을 녹이기도 해.

염기에는 여러 가지가 있어!

"염기에는 수산화 나트륨, 비누와 하수구 세정제 말고도 수산화 칼륨, 수산화 칼슘도 있어."

"어? 산은 염산, 아세트산, 시트르산처럼 '산'으로 끝나는 이름이 많아서 염기는 '염기'로 끝나는 이름이 많을 줄 알았는데 그게 아니네요."

"대신 '수산화'로 시작하는데요? 혹시 '수산화'로 시작하면 다 염기인가요?"

왕수재의 말에 용선생이 웃으며 말했다.

"그렇지. 염기에는 '수산화'로 시작하는 이름이 많아. 하

▲ **수산화 칼륨** 공기 중의 수증기를 흡수해서 녹는 성질이 있어. 공기 중의 이산화 탄소도 잘 흡수해.

▲ **수산화 칼슘** 물에 녹인 것을 석회수라고 해. 석회수는 투명하지만 이산화 탄소를 만나면 뿌옇게 흐려져.

지만 모든 염기가 '수산화'로 시작하는 것은 아니니 이름만으로 염기를 구별할 수는 없어."

"'수산화'로 시작하지 않는 염기는 뭐가 있는데요?"

"암모니아가 있지. 암모니아는 자극적인 냄새가 나는 기체로, 물에 잘 녹아. 암모니아 기체가 물에 녹은 것을 암모니아수라고 해. 암모니아는 비료의 주재료로 우리 오줌 속에도 약간 들어 있어. 오줌에서 지독한 냄새가 나는 게 바로 암모니아 때문이지."

"윽! 그 냄새가 암모니아 냄새였군요."

아이들이 얼굴을 찌푸렸다.

"산은 맛있는 과일에 들어 있는데 염기는 냄새 나는 오줌에나 들어 있네요. 염기 중에는 먹을 수 있는 게 없

▲ 암모니아가 들어 있는 오줌

오줌 냄새의 원인은 암모니아였군!

나 봐요."

장하다가 인상을 쓰며 고개를 젓자 용선생이 말했다.

"염기가 다 그렇지는 않아. 먹을 수 있는 염기도 있어."

"먹을 수 있는 염기요? 그게 뭔데요?"

"혹시 베이킹 소다 아니?"

"네, 들어 봤어요."

"베이킹 소다가 바로 염기야. 너희가 좋아하는 간식 달고나를 만들 때 사용하는 물질이지. 과학자들은 이것을 탄산수소 나트륨이라고 불러."

그러자 장하다가 입을 삐죽거리며 툴툴댔다.

"과학자들은 맨날 어려운 이름으로 부르더라."

곽두기가 갑자기 신이 난 표정으로 말했다.

"선생님, 얘기 나온 김에 우리 달고나 만들어 먹으면 안 돼요?"

"하하, 그럴까?"

용선생은 설탕과 베이킹 소다를 꺼내 아이들에게 나눠 주었다.

"내가 국자에 설탕을 가열해 녹여 줄 테니 거기에 베이킹 소다를 넣고 섞어 보렴."

아이들은 녹은 설탕이 담긴 국자를 하나씩 받아 베이킹

▲ 베이킹 소다(탄산수소 나트륨)

소다를 넣고 각자 달고나를 완성했다. 곽두기가 제일 먼저 자신이 만든 달고나를 한입 먹더니 괴로운 표정을 지었다.

"윽! 맛이 왜 이래?"

"왜 그래? 내 건 맛있는데."

용선생이 지긋이 곽두기를 바라보며 물었다.

"두기가 베이킹 소다를 좀 많이 넣던데, 맛이 어떤지 얘기해 줄래?"

"달기도 한데 너무 써요. 제 달고나는 왜 쓴 거죠?"

"베이킹 소다를 탄산수소 나트륨이라고도 부른다고 했지? 탄산수소 나트륨은 약간 쓴맛이 나. 그런데 탄산수소 나트륨을 가열하면 더 쓴맛이 나는 염기인 탄산 나트륨으

▼ 달고나를 만드는 과정

로 변하며 물과 이산화 탄소가 나와. 이 이산화 탄소 때문에 달고나가 부푸는 거야. 그래서 탄산수소 나트륨을 많이 넣을수록 달고나가 더 많이 부풀고 쓴맛이 나는 거야."

그러자 장하다가 말했다.

"탄산수소 나트륨도 쓰고, 탄산수소 나트륨이 변한 탄산 나트륨도 쓴맛이 나는 걸 보니 염기는 쓴맛인가 봐요."

"맞아. 염기의 대부분은 손으로 만지면 미끌거리는 성질 말고도 쓴맛이 나."

"그러면 하수구 세정제도 쓴맛이 나나요?"

"글쎄다. 하수구 세정제는 피부를 녹일 수도 있는데 맛을 볼 수 있을까?"

"생각해 보니 매우 위험하겠네요."

"하하! 산과 염기 중에는 위험한 물질도 있으니 절대로 함부로 맛을 봐서는 안 된다는 점 명심하렴!"

핵심정리

염기의 대부분은 쓴맛이 나고, '수산화'로 시작되는 이름을 가진 경우가 많아.

나선애의 정리노트

1. 염기의 성질
① 손으로 만지면 미끌거림.
② 대부분 ⓐ [　　] 이 남.

2. 염기의 종류
· 대부분 이름이 ⓑ [　　] 로 시작됨.

비누(수산화 나트륨) 　　하수구 세정제 　　수산화 칼륨
(ⓒ [　　])

수산화 칼슘 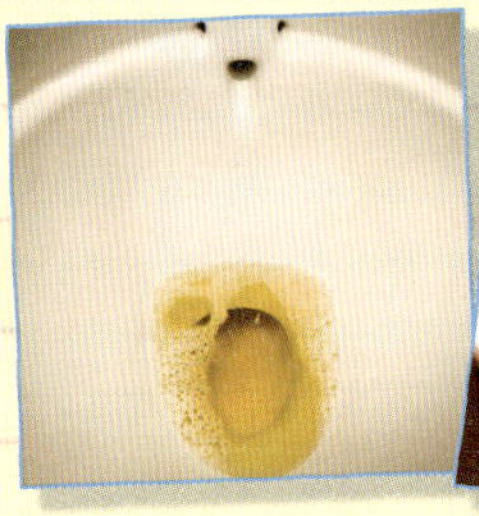　　오줌(ⓓ  [　　])　　탄산수소 나트륨
(베이킹 소다)

ⓐ 뷰맛 ⓑ 수산화 ⓒ 수산화 나트륨 ⓓ 암모니아

 # 과학퀴즈 달인을 찾아라!

●정답은 113쪽에

01

친구들이 이번 시간에 배운 내용에 대해 이야기하고 있어. 옳으면 O, 옳지 않으면 X를 표시해 줘.

① 하수구 세정제에는 단백질을 녹이는 물질이 들어 있어. (   )

② 수산화 나트륨을 구별하려면 맛을 보는 방법이 가장 좋아. (   )

③ 베이킹 소다는 쓴맛이 나. (   )

02

아래의 글을 읽고 빈칸에 들어갈 정답을 네모 칸에서 찾아 동그라미로 표시해 봐. 정답은 가로, 세로, 대각선 방향으로 찾으면 돼.

> 보기
> 1. 쓴맛이 나고 미끌거리는 느낌이 나는 물질을 ○○라 해.
> 2. 오줌에는 염기인 ○○○○가 들어 있어 지독한 냄새가 나.
> 3. 비누의 재료에는 ○○○ 나트륨도 있어.

암	수	산	화
컷	모	자	가
폭	장	니	기
염	기	스	아

| 용선생의 과학 카페 | 용선생의 한국사 카페 | 용선생의 세계사 카페 |

https://cafe.naver.com/yongyong

용선생의 과학 카페

과학계의 핵인싸, 용선생의 과학 카페에 오신 걸 환영합니다.

[Log in]

MENU

물리면 아프다
화학이 화하하
생물 오징어
지구는 둥글다

동물들도 산과 염기를 이용해!

동물들도 산과 염기를 이용한다는 걸 아니? 어떤 동물은 적으로부터 자신을 보호하기 위해 무시무시한 독을 가지고 있어. 바로 이 독에 산이나 염기가 들어 있지. 어떤 동물이 어떤 독을 가지고 있는지 살펴볼까?

▼ 데스스토커

아프리카의 데스스토커라는 전갈은 꼬리에 독이 있어. 이 독에는 산이 들어 있는데, 다른 동물의 신경을 마비시켜.

작은 동물인데 독이 엄청 강해!

복어를 먹을 땐 조심해야겠어.

▶ 복어

대부분의 복어는 간이나 껍질, 근육, 알 등에 독을 품고 있어. 이 독에는 산이 들어 있지. 복어의 독은 단 1g(그램)만으로도 500명의 사람이 목숨을 잃을 수 있을 정도로 매우 위험해.

- 장하다의 오답을 피하는 방법
- 나선애의 야무진 실험실
- 왕수재의 아는 척 과학교실
- 허영심의 별 헤는 밤
- 곽두기의 빅뱅 따라잡기

◀ 독화살개구리

남아메리카 아마존 지역에 사는 독화살개구리는 피부에 독이 있어. 이 독에는 염기가 들어 있는데, 이 개구리의 피부를 만지기만 해도 죽을 만큼 매우 위험한 독이야.

오지 마!

▶ 장수말벌

꿀벌은 몸통 끝에 달린 독침에 산이 있어. 하지만 말벌은 좀 달라. 말벌의 독에는 염기가 들어 있는데, 동물의 신경을 마비시키지.

이 동물들을 조심하라고!

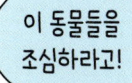 

COMMENTS

 저런 독을 어떻게 만든담?

 복어는 독을 가진 조개나 불가사리를 먹고 그 독을 몸속에 모으지.

 나도 그 조개랑 불가사리를 먹고 독을 만들래!

 그러다 죽어.

3교시 | 산과 염기의 정의

산과 염기를 물에 녹이면?

앗, 산성비다! 우산 써!

산성비? 산성비가 뭐야?

"어제 일기예보에서 오늘 내리는 비는 산성비라고 꼭 우산을 쓰라고 하던데, 우산 가져왔어?"

"응. 그런데 산성비? 그게 뭐야?"

"글쎄."

"혹시 산과 염기 할 때 산으로 된 비라는 말 아니야?"

허영심의 말에 나선애가 손뼉을 짝 치며 말했다.

"정말 그런 것 같아! 그러니까 우산을 쓰라는 거겠지?"

"오호, 그렇다면 산성비도 신맛이 날까? 이따가 비 내리면 한번 맛을 봐야겠다."

"뭐? 영심아, 그건 좀 아닌 것 같은데……."

그때 용선생이 과학실로 들어오며 말했다.

"내가 알려 줄 테니 산성비를 먹진 말라고!"

산과 염기에 들어 있는 건?

나선애와 허영심이 놀라며 용선생에게 물었다.

"선생님! 밖에서 저희 얘기하는 거 다 들으신 거예요?"

"하하! 너희 둘 목소리가 꽤 크더라고. 그럼 이제부터 둘이 궁금해 하는 산성비에 대해 알려 줄까?"

"네!"

"먼저 비 앞에 붙는 '산성'이란 말은 산이 가지는 공통적인 성질을 가리켜. 산은 신맛이 나고 탄산 칼슘과 금속을 녹이는 성질이 있다고 배운 거 기억나지?"

"네! 저희 생각처럼 산성비는 산이 맞군요!"

허영심과 나선애가 서로를 바라보며 활짝 웃었다.

"맞아. 산성비도 신맛이 나고 탄산 칼슘과 금속을 녹이는 성질이 있어. 그래서 산성비가 내릴 때에는 우산을 쓰는 게 좋아. 옷이나 가방에 있는 금속이 상할 수도 있거든."

산성비는 산성을 띠는 비였어!

"헉! 오늘은 정말 꼭 우산을 써야겠네요."

"여기서 퀴즈! 산이 가지는 공통적인 성질을 산성이라 한다면, 염기가 가지는 공통적인 성질을 뭐라고 할까?"

"염기성이요! 뒤에 성 자를 붙이면 되는 거 아니에요?"

"딩동댕! 산은 물질의 종류가 달라도 산성이라는 공통

된 성질을 띠고, 염기 역시 염기성이라는 공통된 성질을 띠지. 산에는 산성을 띠게 하는 물질이, 염기에는 염기성을 띠게 하는 물질이 공통으로 들어 있기 때문이야."

"그 물질이 뭔데요?"

"바로 수소 이온과 수산화 이온이야. 수소 이온은 산성을 띠게 하고, 수산화 이온은 염기성을 띠게 하지."

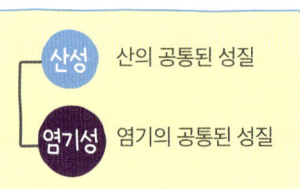

"그런데 수소 이온과 수산화 이온이 뭐예요?"

"먼저 이온이 무엇인지부터 설명해 줄게. 이온은 전하를 띤 작은 입자야."

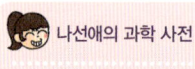

입자 물질을 구성하는 작은 알갱이를 말해.

"전하는 또 뭔데요?"

"하하. 전하는 물질의 성질 중 하나로, 전기 현상을 일으키는 원인이란다. 전하가 있어서 전등불이나 텔레비전이 켜질 수 있지. 이온은 (+)전하를 띤 것과 (−)전하를 띤 것이 있어. (+)전하를 띤 이온을 양이온, (−)전하를 띤 이온을 음이온이라고 해."

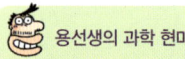

여기서 (+)와 (−)는 더하거나 뺀다는 뜻이 아니라 서로 반대되는 성질을 가진다는 뜻으로 표시한 기호야.

"그럼 수소 이온과 수산화 이온도 전하를 띠고 있어요?"

"그렇지. 수소 이온은 (+)전하를 띤 양이온이고, 수산화 이온은 (−)전하를 띤 음이온이야. 그래서 수소 이온을 표시할 때 수소를 뜻하는 화학 기호 H에 +를 붙여서 H^+라고 표시해. 또, 수산화 이온을 표시할 때에는 수소와 산소가 결합한 것을 뜻하는 화학 기호 OH에 -를 붙여 OH⁻로 표시한단다."

 핵심정리

산은 (+)전하를 띤 수소 이온이 있어 산성을 띠고, 염기는 (-)전하를 띤 수산화 이온이 있어 염기성을 띠어.

 산이란?

"그러면 산성비에도 수소 이온이 들어 있나요?"

"맞아. 자동차나 공장 같은 곳에서 나온 대기 오염 물질은 공기 중에 떠다니다 수증기를 만나면 녹아서 수소 이온을 내놓아. 이 물질은 그대로 땅에 떨어지기도 하고 구름에 스며들어 비가 되기도 하지. 그래서 산성비가 내리는 거야."

"아, 그런 거군요."

"이처럼 물에 녹아 수소 이온을 내놓는 물질을 산이라 해. 산이 물에 녹을 때에는 양이온인 수소 이온 외에 음이온도 같이 나오는데, 음이온의 종류는 산마다 달라."

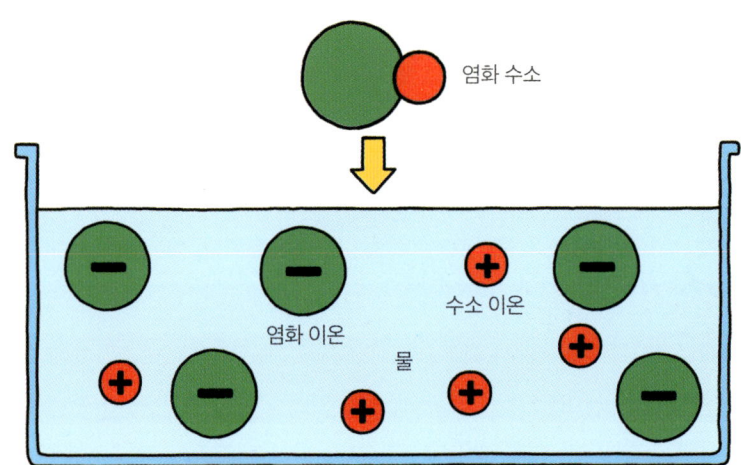

▲ **묽은 염산** 염화 수소를 물에 녹였을 때의 모습

"어떻게 달라요?"

"묽은 염산을 한번 자세히 볼까? 묽은 염산은 염화 수소라는 기체를 물에 녹인 액체야. 염화 수소 기체를 물에 녹이면 양이온인 수소 이온과 음이온인 염화 이온으로 나뉜단다."

"오! 염화 수소 기체가 물에 녹은 것이 염산이었군요!"

"그러면 식초는요?"

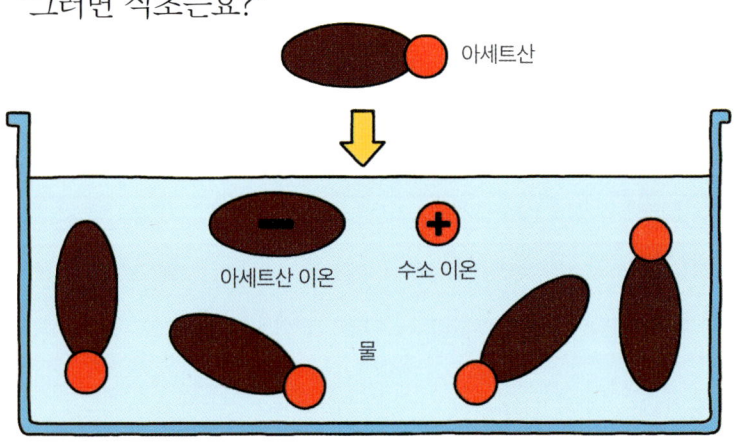

▲ **식초** 아세트산을 물에 녹였을 때의 모습

"식초는 어떤가 볼까? 앞서 식초에 아세트산이 있다고 했던 거 기억나지? 식초는 액체로 된 아세트산을 물에 섞어 만든 거야. 그래서 식초를 아세트산 수용액이라고 해. 아세트산은 물에서 수소 이온과 아세트산 이온으로 분리된단다."

"오, 그렇군요."

"그래. 이처럼 산은 물에 녹였을 때 공통적으로 나오는 수소 이온 때문에 산성을 띠어. 하지만 수소 이온과 함께 나오는 음이온이 무엇이냐에 따라 산의 종류와 특성이 달라져."

"어떻게 달라지는데요?"

"예를 들어 묽은 염산은 금속을 매우 잘 녹여. 아세트산은 자극성 강한 냄새가 나고, 피부에 닿으면 피부를 상하

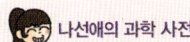

수용액 어떤 물질이 녹아 있는 액체를 용액이라고 해. 특히 물에 녹은 경우엔 물 수(水) 자를 써서 수용액이라고 해.

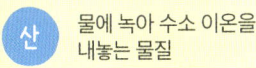
물에 녹아 수소 이온을 내놓는 물질

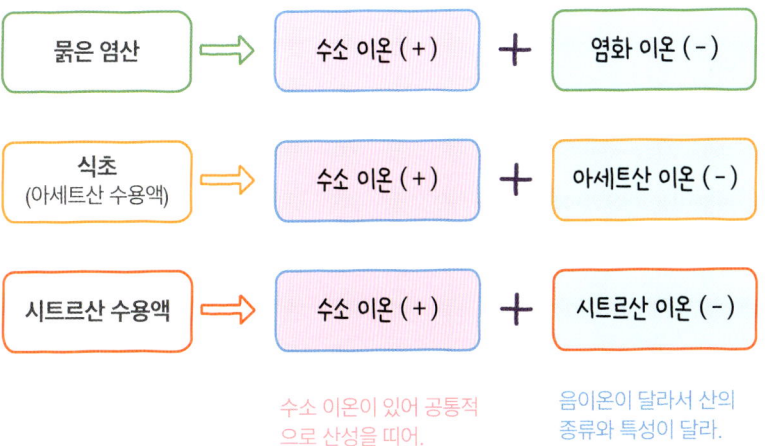

게 하는 특성이 있어. 또, 시트르산은 음식이 천천히 썩게 하는 특성이 있지."

"헉! 염산이랑 식초는 조심해야겠네요. 그러면 탄산의 특성은 단맛인가요?"

"그건 아냐. 탄산은 시원하고 톡 쏘는 느낌이 나서 음료에 많이 쓰이는 거야."

"정말 같은 산인데 종류에 따라 특성이 다르네요."

"정리하면 수소 이온은 산이 공통적으로 산성을 띠게 하고, 음이온은 산마다 다른 특성을 띠게 하는 거군요!"

핵심정리

산은 물에 녹아 수소 이온을 내놓는 물질이야.

염기란?

"그럼 염기는요?"

"염기는 물에 녹아 수산화 이온을 내놓는 물질이야. 이때 음이온인 수산화 이온 외에 양이온도 같이 나오는데,

양이온의 종류는 염기마다 달라."

"어떻게 다른데요?"

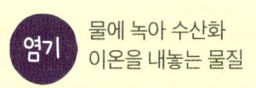

염기: 물에 녹아 수산화 이온을 내놓는 물질

"수산화 나트륨은 물에 녹아 수산화 이온과 나트륨 이온으로 분리돼. 수산화 나트륨이 녹은 물을 수산화 나트륨 수용액이라고 하지."

"아하!"

"수산화 칼슘도 물에 녹아 수산화 이온과 칼슘 이온으로 나뉘어. 이렇게 수산화 칼슘이 녹은 물을 석회수라고 하지. 바로 앞에서 보았지?"

"아, 석회수도 염기였군요."

"그래. 염기는 물에 녹아 수산화 이온을 내놓는다는 공통점이 있지만, 양이온이 저마다 달라서 그 종류와 특성이 달라."

"염기들은 특성이 어떻게 달라요?"

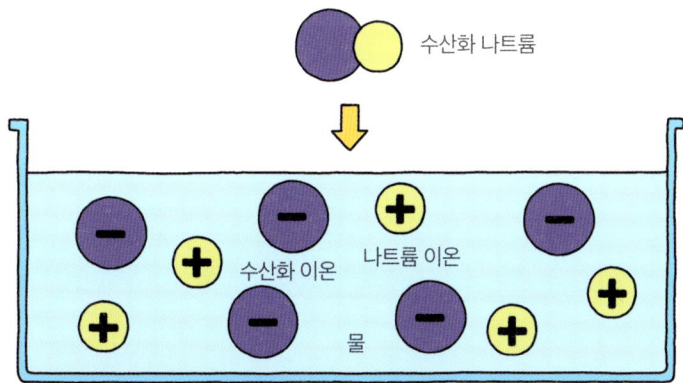

▲ **수산화 나트륨 수용액** 수산화 나트륨을 물에 녹였을 때의 모습

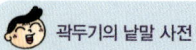

곽두기의 낱말 사전

수분 물의 기체 상태인 수증기와 액체 상태인 물을 한꺼번에 일컫는 말이야. 물기라고도 하지.

"수산화 나트륨은 공기 중의 수분을 빨아들여 스스로 녹는 성질이 있어. 한편 수산화 칼슘은 공기 중의 이산화 탄소를 빨아들이는 성질이 있지."

"오줌! 오줌에 녹아 있는 암모니아는요?"

"하하, 알다시피 암모니아 기체는 코를 찌르는 지독한 냄새가 나고 독성이 있어. 또, 암모니아 기체가 공기 중에 20% 이상 있을 때 불을 붙이면 폭발적으로 불이 붙는 특성이 있지."

"헐! 냄새도 모자라 불까지……."

"자, 이제 산과 염기가 어떤 물질인지 잘 알겠지?"

"네! 산은 물에 녹아 수소 이온을 내놓는 물질이고, 염기는 수산화 이온을 내놓는 물질이에요."

나선애가 노트를 보며 대답하자 용선생이 웃으며 말했다.

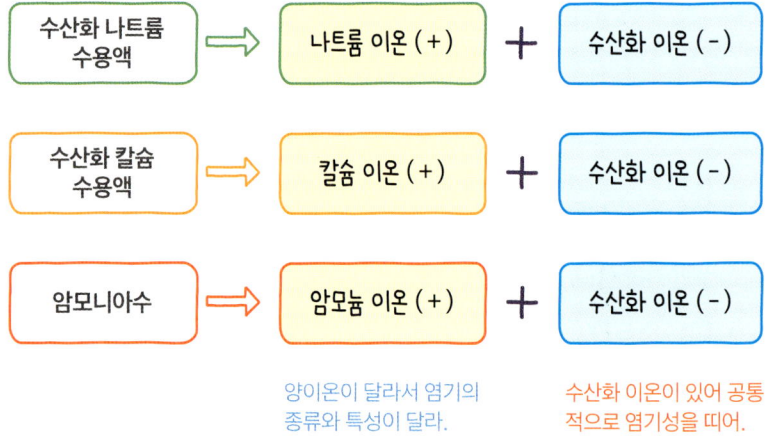

"잘 정리했구나. 그런데 세상에는 산성도 염기성도 띠지 않는 물질도 많아. 이러한 물질은 중성이라고 해."

"오? 중간이라서 중성인가요?"

"하하, 그렇게 생각하면 기억하기 좋겠구나. 세상에 있는 모든 물질은 산성, 중성, 염기성, 셋 중 하나에 속하지."

"우아, 세상의 모든 물질이 세 종류로 나뉜다니."

"그런데 어떤 물질이 산성인지 염기성인지를 왜 알아야 하는 거예요?"

"산과 염기 중에는 과일에 들어 있는 시트르산처럼 맛있는 것도 있지만, 산성비처럼 우리 몸에 해로운 것도 많거든. 그래서 어떤 물질이 산성인지 염기성인지, 아니면 중성인지 알아야 하지."

"우리 몸에 해로울 수도 있다면 먹어 보지 않고도 구분할 수 있어야 하잖아요. 산과 염기를 어떻게 구분해요?"

"좋아, 다음 시간엔 산과 염기를 구분하는 법에 대해 알려 주지!"

핵심정리

염기는 물에 녹아 수산화 이온을 내놓으며 염기성을 띠어. 산성도 염기성도 아닌 성질을 중성이라 해.

암모니아수는 냄새가 심해.

수산화 나트륨은 수분을 빨아들여 녹아 버려.

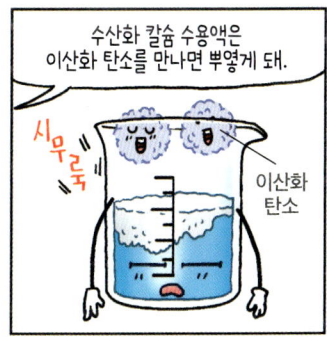
수산화 칼슘 수용액은 이산화 탄소를 만나면 뿌옇게 돼.

모두 다르지만 우리는 물에 녹아 수산화 이온을 내놓는 염기 가족이라고!

나선애의 정리노트

1. 산

① 물에 녹아 ⓐ _____ 이온을 내놓는 물질

② ⓑ _____ : 산이 가지는 공통적인 성질

③ 탄산 칼슘과 금속을 녹이고 신맛이 남.

④ 산마다 수소 이온과 결합한 음이온의 종류가 달라 각기 다른 성질이 나타남.

2. 염기

① 물에 녹아 ⓒ _____ 이온을 내놓는 물질

② ⓓ _____ : 염기가 가지는 공통적인 성질

③ 손으로 만지면 미끈거리고 쓴맛이 남.

④ 염기마다 수산화 이온과 결합한 양이온의 종류가 달라 각기 다른 성질이 나타남.

ⓐ 수소 ⓑ 산성 ⓒ 수산화 ⓓ 염기성

 **과학퀴즈** 달인을 찾아라!

● 정답은 113쪽에

01

친구들이 이번 시간에 배운 내용에 대해 이야기하고 있어. 옳으면 O, 옳지 않으면 X를 표시해 줘.

① 산은 수소 이온이 있어 산성을 띠어. (   )
② 염산과 아세트산이 공통으로 가진 이온은 수산화 이온이야. (   )
③ 염기는 수산화 이온이 있어 염기성을 띠어. (   )

02

아래에 있는 네 개의 물컵 중 한 개에는 탄산음료가 담겨 있고 나머지 세 개에는 물이 담겨 있어. 산과 염기에 대한 옳은 말을 따라 내려가며 탄산음료가 담긴 컵을 찾아봐!

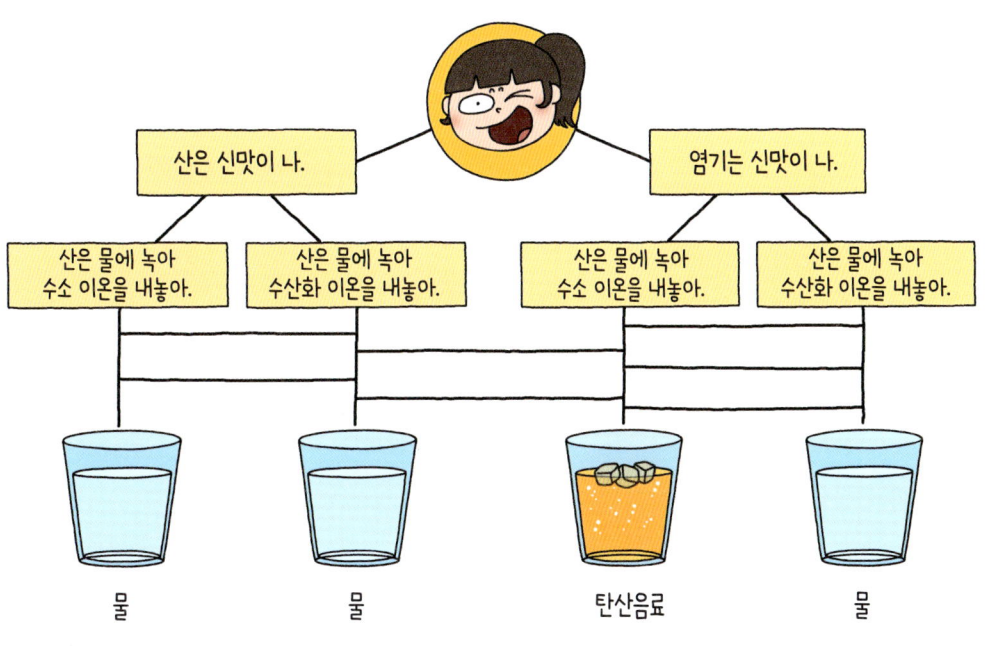

| 용선생의 과학 카페 | 용선생의 한국사 카페 | 용선생의 세계사 카페 | |

 https://cafe.naver.com/yongyong

용선생의 과학 카페

과학계의 핵인싸,
용선생의 과학 카페에
오신 걸 환영합니다.

Log in

오늘은 어떤 재미난 지식을 올려 볼까?

MENU

물리면 아프다
화학이 화하하
생물 오징어
지구는 둥글다

산성비와 산성눈

대기 오염 물질이 녹지 않은 비도 산성을 띠어. 공기 중의 이산화 탄소가 수증기와 만나 탄산을 만들기 때문이야. 하지만 이것은 산성비라고 부르지 않아. 여기에 오염 물질이 추가적으로 녹아서 산성이 더 강해진 비만 산성비라고 하지. 추운 겨울에는 산성비 대신 산성눈이 내리기도 해. 산성눈도 산성비와 만들어지는 과정은 같지만, 눈은 비보다 천천히 떨어지기 때문에 더 많은 양의 오염 물질이 녹아들어. 그래서 산성비보다 산성눈이 더 강한 산성을 띠게 되고, 우리에게 더 해로운 영향을 끼칠 수 있지.

산성비와 산성눈이 내리면 어떤 일이 벌어질까? 산성비와 산성눈은 탄산 칼슘이 포함된 암석이나 금속으로 된 물체를 녹여. 그뿐만 아니라 식물이 자라는 땅에 내리면 흙이 산성이 되어 식물이 잘 자랄 수 없게 되기도 하지. 암석이나 금속이 녹을 정도이니, 산성비가 신맛이 나는지 마셔 보고 확인하려는 건 정말 위험한 생각이겠지?

- 장하다의 오답을 피하는 방법
- 나선애의 야무진 실험실
- 왕수재의 아는 척 과학교실
- 허영심의 별 헤는 밤
- 곽두기의 빅뱅 따라잡기

▲ 산성비를 맞고 녹은 바위 조각상

▲ 산성비로 흙이 산성이 되어 죽은 식물들

▲ 산성비와 산성눈의 원인

오지 마!

COMMENTS

- 산성눈도 있었다니.
- 그럼 산성 안개도 있나?
- 있어. 그게 바로 스모그야.
- 헉!

4교시 | 산·염기 지시약

산과 염기는 어떻게 구별할까?

헉! 어떻게 옷에 보라색, 녹색 얼룩이 생긴 거지?

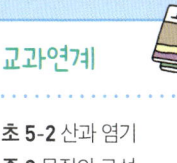

교과연계

초 5-2 산과 염기
중 2 물질의 구성

포도주스가 녹색으로 변한 까닭이 뭘까?

보라색은 포도주스 같은데 녹색은 뭐지?

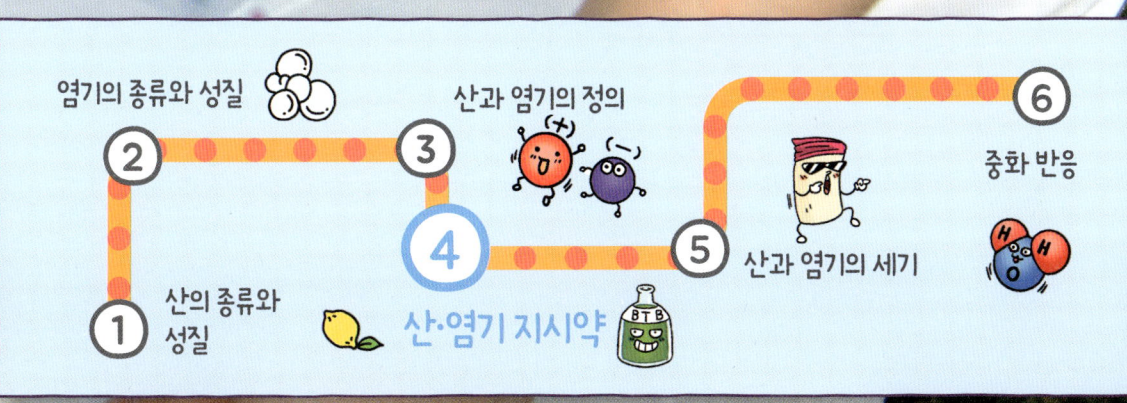

1 산의 종류와 성질
2 염기의 종류와 성질
3 산과 염기의 정의
4 산·염기 지시약
5 산과 염기의 세기
6 중화 반응

"선생님! 어쩌면 좋아요!"

용선생이 과학실에 들어서자 허영심이 울음을 터뜨렸다.

"무슨 일이니?"

"옷에 묻은 포도주스 얼룩을 닦으려고 비누로 문질렀더니 더 엉망이 됐어요!"

"포도주스 얼룩이 녹색으로 변했구나."

"으앙! 제 옷 어떡해요!"

 **포도주스만 변하는 게 아니야!**

"걱정 마. 집에서 세제로 여러 번 빨면 잘 지워질 거야. 포도주스는 산이나 염기에 닿으면 색이 변하니까 옷에 묻

지 않게 신경 써야 돼."

"혹시 비누 때문에 색이 변한 건가요?"

"비누가 염기라서 그런 것 같구나."

"으아앙! 괜히 비누칠했어! 차라리 그냥 둘걸!"

"영심아, 괜찮아. 보라색과 녹색이 섞이니 더 예쁜데?"

"맞아, 누나. 알록달록 예쁘다고."

아이들이 달래자 허영심이 금세 울음을 그치며 말했다.

"정말? 그럼 아예 다른 색도 물들여 볼까? 선생님! 포도주스가 염기 말고 산을 만나면 어떤 색으로 변해요?"

용선생이 기다렸다는 듯 외쳤다.

"직접 보여 주지!"

용선생은 시험관 세 개에 포도주스를 똑같이 따른 뒤 각각 식초, 물, 비눗물을 떨어뜨렸다.

▲ 포도주스 + 식초   ▲ 포도주스 + 물   ▲ 포도주스 + 비눗물

용선생의 과학 현미경

이 물질의 이름은 '안토사이아닌'이야. 안토사이아닌은 식물에서 꽃과 열매를 붉은색이나 푸른색, 혹은 보라색으로 만드는 색소이지.

지시약은 어떤 물질의 종류나 변화를 알아보는 데 이용하는 약품이야. 산과 염기를 알아보는 지시약 외에도 금속 이온을 알아내는 지시약, 화학 반응으로 생긴 물질의 종류를 알아보는 지시약 등이 있어.

"와! 산과 만나니까 더 붉게 변하네요. 만약 산으로 문질렀다면 옷이 아주 빨개졌겠어요. 하하!"

"그렇지. 포도에는 산과 염기에 따라 색이 다르게 변하는 물질이 들어 있어. 이 물질의 성질을 이용하면 어떤 것이 산인지 염기인지 구별할 수 있지. 포도처럼 산과 염기를 구별해 주는 물질을 산·염기 지시약이라고 한단다."

"산인지 염기인지 지시해 준다, 뭐 그런 뜻인가 봐요."

나선애의 말에 용선생이 고개를 끄덕였다.

"포도주스처럼 색의 변화로 산과 염기를 구별할 수 있는 지시약은 우리 주변에도 많아."

"정말요? 또 어떤 것들이 있는데요?"

"바로 이것이지."

용선생은 사진 몇 장을 화면에 띄웠다.

"자주색 양배추, 가지, 장미꽃, 검은콩을 이용해 산과 염기를 구별할 수 있어. 이것들을 작은 조각으로 잘라 뜨거운 물에 넣어 색소를 우려내면 돼."

"왜 뜨거운 물에 넣어요?"

"차가운 물보다 뜨거운 물에서 색소를 더 잘 우려낼 수 있거든. 색소가 물에 충분히 우러나면 이 색소 물로 산과 염기를 구별할 수 있어."

"제가 좋아하는 장미꽃도 지시약이라니 신기하네요."

"맞아. 대체로 붉은색이나 푸른색, 혹은 보라색을 띠는 식물이 산과 염기에 따라 색이 변해. 이들 식물은 대부분 산성에서는 붉은색, 염기성에서는 푸른색 꽃을 피우지."

▲ 자주색 양배추 지시약 만들기

▲ 나팔꽃

▲ **수국** 다른 꽃과 달리 수국은 산성일 때 푸른색, 염기성일 때 붉은색이 돼.

▲ 제비꽃

▲ 붓꽃

"혹시 나팔꽃도 지시약 역할을 하나요?"

"맞아! 나팔꽃 외에 수국, 제비꽃, 붓꽃도 지시약 역할을 할 수 있어."

핵심정리

식물에 있는 몇몇 색소는 산과 염기에 따라 색이 다르게 변해. 이 성질을 이용해 산과 염기를 구별해 주는 물질을 산·염기 지시약이라고 해.

 ## 색이 변하는 종이의 비밀

"와, 생각보다 지시약 역할을 하는 식물이 많네요. 집 앞에 핀 나팔꽃으로 실험해 봐야겠어요."

"하하, 실험하기 전에 미리 알아 둬야 할 게 있어. 꽃이나 열매를 통째로 사용할 수는 없으니, 아까 말한 방법대로 뜨거운 물에 우려내거나 즙을 짜서 사용해야 돼."

"알았어요! 오늘 가서 나팔꽃의 즙을 짜야겠군요."

"하나 더! 식물에서 뽑아낸 색소는 공기 중에 두면 성질이 변해 산과 염기에 잘 반응하지 않을 수 있어. 그래서 즙을 짜낸 후 바로 사용하는 게 좋아."

"그럼 지시약이 필요할 때마다 새로 즙을 짜야 해요?"

"응. 그런데 매번 그렇게 하기는 참 번거롭겠지? 그래서 과학자들이 만든 게 있어. 그때그때 사용하기 쉽게 식물의 색소를 종이에 물들였지."

용선생이 띠처럼 생긴 붉은색과 푸른색 종이를 꺼내자 아이들이 몰려들었다.

"이게 과학자들이 만든, 종이로 된 지시약이에요?"

"맞아. 이건 리트머스 종이라고 해. 리트머스이끼라는 식물에 들어 있는 보라색 색소를 빼내 물에 녹여서 거름종이에 흡수시킨 거지."

아이들이 리트머스 종이를 신기한 듯 살펴보았다.

"보라색 색소라면서요? 이건 왜 붉은색과 푸른색이죠?"

"이 색소는 산과 만나면 붉은색, 염기와 만나면 푸른색으로 변해. 리트머스 종이는 이러한 색 변화가 더 잘 보이게, 하나는 색소에 산을 섞어 붉은색 종이로 만들고 다른 하나는 염기를 섞어 푸른색으로 만든 거야. 그래서 산이나 염기를 만나 종이의 색이 어떻게 변하는지 더 확실하게 알아볼 수 있어."

용선생은 먼저 붉은색 리트머스 종이를 식초, 물, 베이킹 소다 수용액에 각각 담갔다.

▲ 리트머스 종이

▲ 리트머스이끼

▲ 붉은색 리트머스 종이 + 식초

▲ 붉은색 리트머스 종이 + 물

▲ 붉은색 리트머스 종이 + 베이킹 소다 수용액

"오호, 붉은색 리트머스 종이는 염기인 베이킹 소다 수용액에서만 푸른색으로 변하네요."

"식초랑 물에서는 색깔이 변하지 않아요."

"얼른 푸른색 리트머스 종이도 담가 봐요. 어떻게 될지 궁금해요."

"이번엔 너희가 직접 해 보렴."

그러자 아이들이 푸른색 리트머스 종이를 식초, 물, 베

▲ 푸른색 리트머스 종이 + 식초

▲ 푸른색 리트머스 종이 + 물

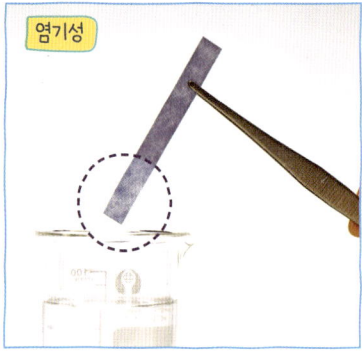

▲ 푸른색 리트머스 종이 + 베이킹 소다 수용액

이킹 소다 수용액에 각각 담갔다.

"오! 푸른색 리트머스 종이는 산인 식초에서만 붉은색으로 변해요."

"맞아. 그러니까 푸른색 리트머스 종이로는 산을, 붉은색 리트머스 종이로는 염기를 구별할 수 있어. 또, 두 종이 모두 변하지 않으면 중성 물질인 것이지."

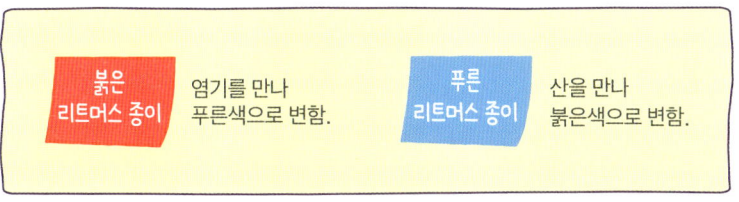

"집에 가서 포도주스로 이런 종이를 한번 만들어 봐야겠어요. 그럼 저만의 지시약이 되겠죠?"

"하하, 좋은 생각이구나. 영심이 생각처럼 과학자들은 리트머스 종이 말고도 다양한 지시약을 사용해. 또 어떤 지시약이 있는지 알아볼까?"

"좋아요!"

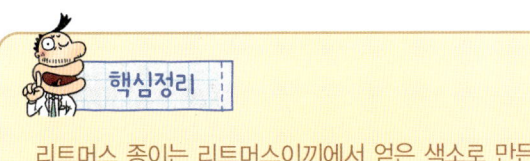

리트머스 종이는 리트머스이끼에서 얻은 색소로 만든 산·염기 지시약이야. 붉은색 리트머스 종이는 염기를 만나 푸른색으로 변하고, 푸른색 리트머스 종이는 산을 만나 붉은색으로 변해.

# 또 다른 지시약

용선생의 과학 현미경
원래 이름은 영어로 브롬티몰 블루(Bromothymol blue)인데, 너무 길어서 간단히 BTB라고 표현해.

용선생은 약품 하나를 책상 위에 올려놓았다.

"이건 BTB 용액이라는 지시약이야. BTB 용액은 중성일 때 녹색을 띠어. 그럼 산과 염기를 만나면 어떤 색으로 변하는지 확인해 볼까?"

"저요! 제가 해 볼래요!"

나선애가 손을 번쩍 들고 나섰다. 용선생이 흐뭇하게 웃으며 나선애에게 실험 도구를 건네주었다. 나선애는 BTB 용액이 든 시험관에 스포이트로 각각 식초, 물, 베이킹 소다 수용액을 떨어뜨렸다.

"BTB 용액의 색이 어떻게 변했니?"

"식초를 넣은 건 노란색, 베이킹 소다 수용액을 넣은 건 파란색으로 변했어요."

왕수재가 잘난 척하며 말했다.

"그러니까 BTB 용액이 노란색으로 변하면 산성, 녹색이

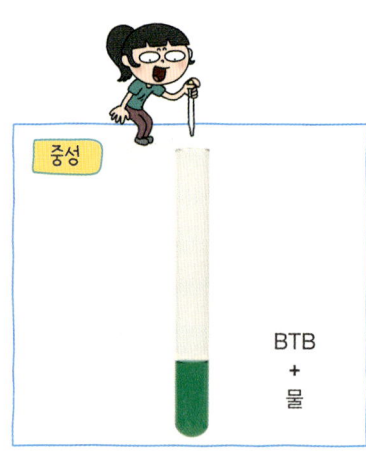

면 중성, 파란색으로 변하면 염기성이라는 거군!"

"내가 실험해서 알아낸 거거든!"

나선애가 씩씩대며 대꾸했다.

"하하! 다들 훌륭하게 잘했으니 다투지 말렴. 이번에는 지시약으로 재미있는 마술을 보여 주지."

용선생은 종이 한 장을 펼쳐 보였다.

"그게 뭐예요? 대형 리트머스 종이 같은 건가요?"

"하하, 아니야. 이 종이에는 내가 특별한 방법으로 쓴 글자가 적혀 있어. 뭐라고 썼는지 맞혀 보렴."

"엥? 아무것도 안 보이는데요?"

장하다가 고개를 갸우뚱거리자 용선생이 재미있다는 듯 말없이 웃었다. 아이들은 종이를 구석구석 살피며 뒤집어도 보고 빛에 비쳐도 보았다. 하지만 아무도 글자를 알아내지 못했다.

갑자기 곽두기가 뭔가 생각난 듯 소리쳤다.

"알았다! 투명한 지시약으로 글자를 쓰신 거 아니에요? 그럼 산이나 염기를 뿌리면 색이 변하면서 글자가 나타나 알아맞힐 수 있잖아요!"

"오! 두기가 정확하게 이야기했어."

용선생은 분무기로 베이킹 소다 수용액을 종이 위에 뿌렸다.

"우아, 붉은색 글씨가 나타나고 있어요. 신기해요!"

"페놀프탈레인 용액? 이게 뭐예요?"

"페놀프탈레인 용액은 물처럼 투명하지만 염기와 만나면 붉은색으로 변하는 지시약이야."

"오! 그러면 산과 만나면 무슨 색으로 변하는데요?"

"산에서는 변하지 않아. 투명한 용액 그대로야."

"BTB 용액은 산성과 염기성에서 모두 변했는데 페놀프탈레인 용액은 염기성에서만 변하네요."

"응. 페놀프탈레인 용액은 산성과 중성에서는 변하지 않고 염기성에서만 붉은색으로 변해. 염기를 구별하는 지시약이지."

용선생이 말을 마치자 왕수재가 말했다.

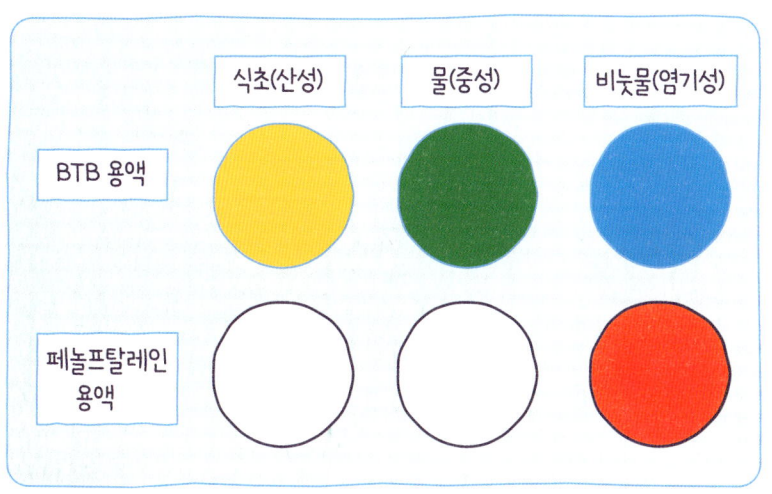

"페놀프탈레인 용액이 신기하긴 하지만, 전 산성, 중성, 염기성에서 모두 다른 색인 BTB 용액이 가장 좋아요."

"전 포도주스가 제일 좋아요. 포도주스도 산성, 중성, 염기성에서 모두 색이 다르고, 맛있잖아요. 헤헤!"

장하다의 말에 허영심이 포도주스를 들고 다가갔다.

"어머, 정말? 그렇다면 너도 나처럼 포도주스를 옷에 묻혀 봐. 리트머스 종이처럼 오래 사용할 수 있을 거야."

"으앙, 그건 안 돼. 엄마한테 혼난다고!"

BTB 용액은 산성에서 노란색, 중성에서 녹색, 염기성에서 파란색이야. 페놀프탈레인 용액은 산성과 중성에서는 변화가 없고, 염기성에서만 붉은색으로 변하는 산·염기 지시약이야.

 나선애의 정리노트

1. 산·염기 지시약
① 어떤 물질이 산인지 염기인지 색의 변화로 구별해 주는 물질

2. 식물로 만든 지시약
① 자주색 양배추, 가지, 장미꽃, 검은 콩, 나팔꽃, 수국 등
- 만드는 방법: 작은 조각으로 자른 뒤 뜨거운 물에 우려냄.

② 리트머스 종이
- ⓐ _____ 의 색소를 거름종이에 흡수시켜 만듦.
- 리트머스 종이의 색 변화

	산성	염기성
붉은색 리트머스 종이	변화 없음.	푸른색으로 변함.
푸른색 리트머스 종이	ⓑ _____ 으로 변함.	변화 없음.

3. 화학 약품으로 만든 지시약
① BTB 용액

산성	중성	염기성
노란색	녹색	ⓒ

② 페놀프탈레인 용액

산성	중성	염기성
투명	투명	ⓓ

ⓐ 지시약식물 ⓑ 붉은색 ⓒ 푸른색 ⓓ 붉은색

 # 과학퀴즈 달인을 찾아라!

●정답은 113쪽에

01

친구들이 이번 시간에 배운 내용에 대해 이야기하고 있어. 옳으면 O, 옳지 않으면 X를 표시해 줘.

① 산·염기 지시약은 산과 염기에 따라 다른 색으로 변하는 물질이야.
(   )

② 리트머스 종이는 붉은색과 푸른색 두 가지 종류야. (   )

③ 페놀프탈레인 용액이 염기성에서 나타내는 색과 BTB 용액이 산성에서 나타내는 색은 둘 다 붉은색이야. (   )

02

장하다가 사과를 보관할 창고를 찾고 있어. 갈림길에 있는 지시약을 사과에 떨어뜨리면 어떤 색으로 변할 거야. 그 색깔과 같은 색의 길을 따라가며 장하다가 창고를 찾아갈 수 있게 도와줘.

[힌트] 사과는 산성이야.

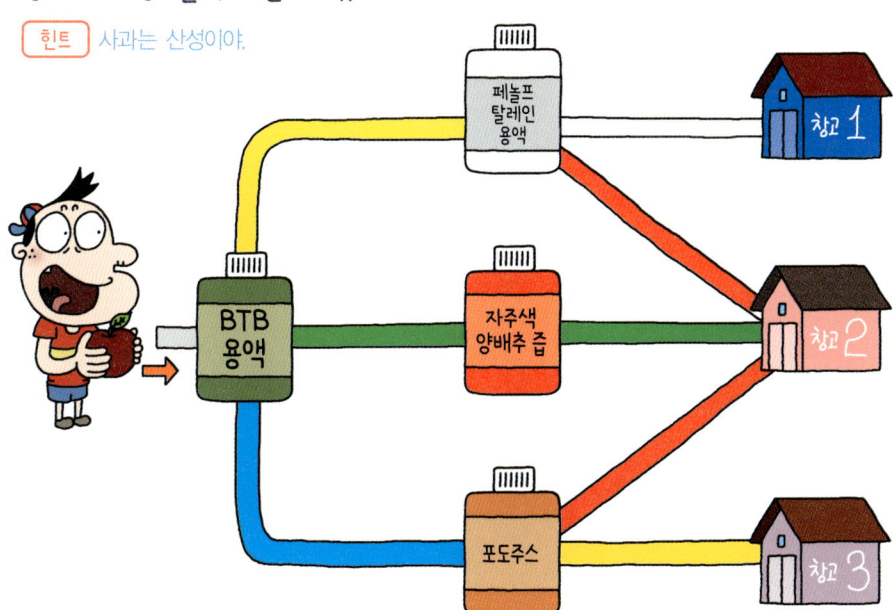

5교시 | 산과 염기의 세기

더 강하고 약한 것이 있다고?

고글, 마스크, 장갑, 실험 가운까지 있어!

선생님, 이것들을 왜 준비하신 거예요?

교과연계

초 5-2 산과 염기
중 2 물질의 구성

이번 시간에는 조금 특별한 물질을 다룰 거거든!

① 산의 종류와 성질
② 염기의 종류와 성질
③ 산과 염기의 정의
④ 산·염기 지시약
⑤ 산과 염기의 세기
⑥ 중화 반응

"선생님! 왜 베이킹 소다는 막힌 하수구를 뚫지 못하는 거예요?"

과학실에 들어오자마자 장하다가 툴툴거렸다.

"잉? 그게 무슨 소리니?"

"집에 하수구가 막혀서 베이킹 소다를 탈탈 털어 넣었는데, 하수구가 뚫리기는커녕 엄마한테 야단만 맞았다고요."

"아이고, 베이킹 소다는 염기성이 약한 물질인데……."

"엥? 염기성이 약하고 강한 게 있어요?"

 염기성의 세기는 왜 다를까?

"응. 염기마다 염기성의 세기가 달라. 단백질을 잘 녹이는 하수구 세정제는 염기성이 강한 강염기이지. 베이킹 소다는 그보다 염기성이 훨씬 약한 약염기이고."

"왜 어떤 염기는 강하고 어떤 염기는 약한데요?"

"그건 강염기와 약염기의 이온 개수를 비교하면 알 수 있어. 수산화 나트륨 수용액과 암모니아수의 이온 개수를 비교해 보렴."

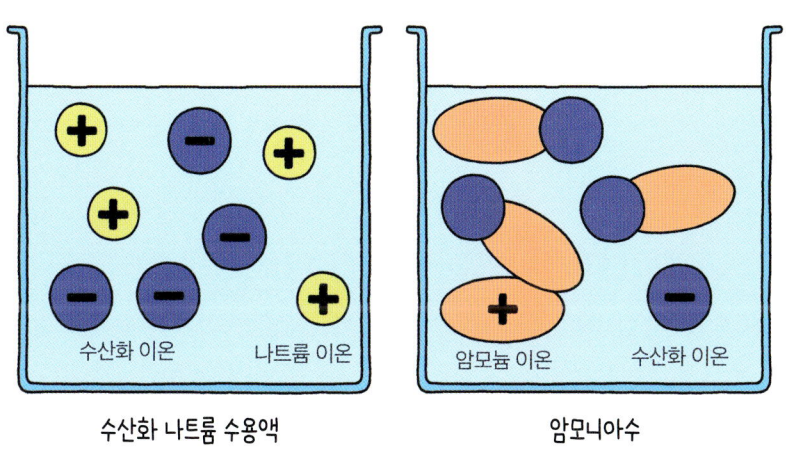

수산화 나트륨 수용액   암모니아수

"수산화 나트륨 수용액에는 이온이 많은데, 암모니아수에는 이온이 적어요."

"맞았어! 수산화 나트륨 수용액에는 수산화 이온과 양이온이 많이 있어. 하지만 암모니아수에는 수산화 이온과 양이온 모두 적지. 그럼 여기서 문제! 두 수용액의 염기성 세기를 비교하려면 어떤 이온의 수를 비교해야 할까?"

"수산화 이온 때문에 염기성을 띤다고 했으니까, 수산화 이온의 수를 비교해야 되지 않을까요?"

"맞아. 이제 염기성이 더 강한 수용액이 무엇인지 알 수 있겠지?"

"아하! 수산화 나트륨 수용액이 더 강한 염기예요!"

"맞아! 물에 녹았을 때 수산화 나트륨 수용액처럼 수산화 이온을 많이 내놓으면 강염기이고, 암모니아수처럼 수산화 이온을 적게 내놓으면 약염기야."

"암모니아 기체를 물에 더 많이 녹이면 염기성이 강해져서 강염기가 되는 거 아니에요?"

"그건 아니야. 염기마다 수산화 이온을 내놓는 정도는 정해져 있어. 예를 들어 같은 양의 물이 담긴 두 비커에 각각 같은 양의 수산화 나트륨과 암모니아 기체를 녹인다고 해 보자. 물에 녹인 양을 100이라고 한다면 수산화 나트륨 수용액에서는 수산화 이온을 90만큼, 암모니아수에서

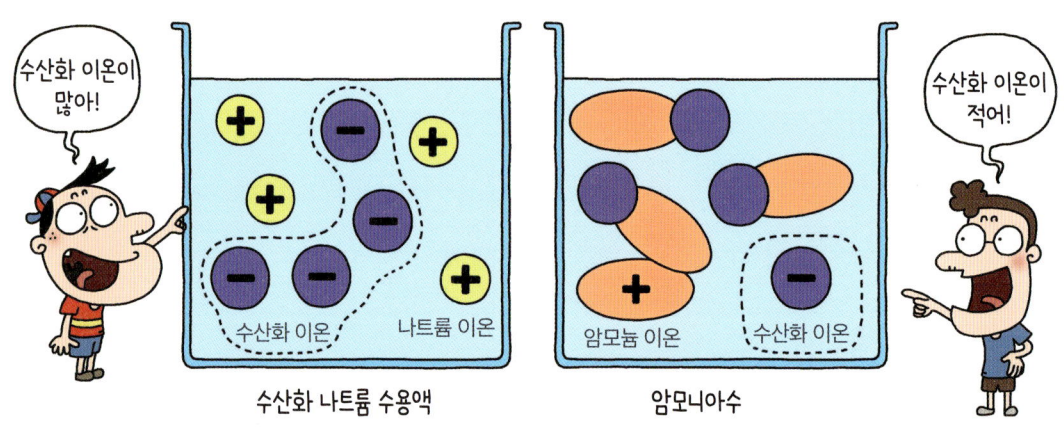

는 수산화 이온을 1만큼 내놓아."

"헉! 90배나 차이가 나네요."

"그렇다면 베이킹 소다는 암모니아수처럼 수산화 이온을 적게 내놓는 약염기인가요?"

"그렇지."

"그래서 봉지를 다 들이부어도 하수구가 뚫리지 않았던 거군!"

장하다가 안타까운 표정으로 이마를 짚으며 말했다. 나선애가 노트에 꼼꼼히 필기를 마치곤 물었다.

"수산화 나트륨 말고 또 어떤 강염기가 있나요?"

"석회수를 만들 때 사용하는 수산화 칼슘도 강염기이고, 이것과 이름이 비슷한 수산화 칼륨도 강염기란다."

장하다가 고개를 갸웃하며 말했다.

"그러면 염기처럼 산 중에도 산성이 강하고 약한 것이 있나요?"

염기가 물에 녹았을 때 수산화 이온을 많이 내놓으면 염기성이 강하고 적게 내놓으면 염기성이 약해. 염기성이 강하면 강염기, 약하면 약염기라고 불러.

금속을 넣으면 알 수 있어

"물론이지. 산도 염기와 마찬가지로 산성이 강하면 강산, 산성이 약하면 약산이라고 해. 물에 녹았을 때 수소 이온을 많이 내놓으면 산성이 강하고 적게 내놓으면 산성이 약하지. 그림을 볼래?"

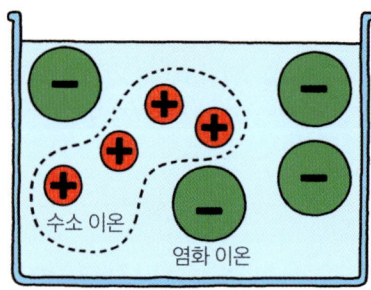 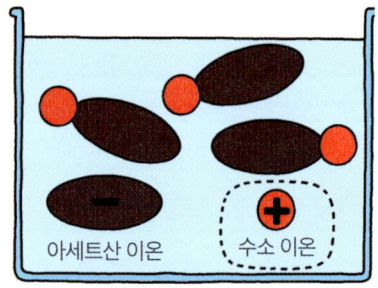

▲ 묽은 염산   ▲ 식초(아세트산 수용액)

"묽은 염산에 수소 이온이 더 많아요. 그렇다면 묽은 염산은 강산이고 식초는 약산인가요?"

왕수재의 말에 용선생이 활짝 웃었다.

"오, 맞아! 이제 금방 구별하는구나. 사실 강산과 약산은 금속이 녹는 모습으로도 구분할 수 있어."

"아, 산이 금속을 녹인다고 했죠?"

용선생은 묽은 염산과 식초가 든 시험관에 마그네슘 금속 조각을 넣었다.

	약함	강함
산	약산 산성이 약한 것	강산 산성이 강한 것
염기	약염기 염기성이 약한 것	강염기 염기성이 강한 것

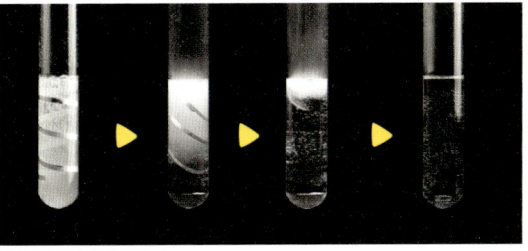
▶ 묽은 염산

▶ 식초

"묽은 염산에서는 마그네슘이 매우 빠르게 녹았어요! 기포도 많이 생겼고요."

"식초에서는 마그네슘이 아직도 녹고 있는데. 한눈에 봐도 묽은 염산이 강산이고 식초가 약산이네요!"

아이들이 시험관을 번갈아 비교하며 신기해 했다.

"금속이 녹으면서 발생하는 기체는 수소 기체란다. 수소 기체가 많이 발생할수록 산성이 강한 거야."

"그럼 식초에서 수소 기체가 더 적게 나오는 거예요? 천천히 녹아도 수소 기체는 많이 나올 수 있잖아요?"

"그렇다면 수소 기체를 모아서 비교해 보자."

"어떻게요?"

약염기	강염기
암모니아수 베이킹 소다	수산화 나트륨 수산화 칼슘 수산화 칼륨

약산	강산
식초 탄산 시트르산	묽은 염산 묽은 질산 묽은 황산

"시험관 입구에 풍선을 씌워서 수소 기체를 모아 보는 거야."

용선생은 두 시험관 입구에 풍선을 씌우고 다시 관찰하기 시작했다.

묽은 염산 　　　　　　　　　식초

용선생의 과학 현미경

진한 황산과 진한 질산은 금속과 반응해도 수소 기체가 발생하지 않아. 진한 황산은 수분이 거의 없어서 수소 이온이 나오지 못하거든. 또 진한 질산은 금속과 반응하면 수소 기체 대신 다른 물질을 만들지.

"묽은 염산에서 수소 기체가 많이 나와서 풍선도 더 커졌어요. 우아, 재밌다!"

"풍선의 크기를 비교하면 되는 거였군요!"

용선생이 묽은 염산 시험관의 부풀어 오른 풍선을 꾹꾹 누르며 말했다.

"묽은 염산 말고도 묽은 황산이나 묽은 질산 도 금속을 녹이면 수소 기체가 많이 발생해."

"그럼 묽은 황산과 묽은 질산도 강산인가요?"

"그렇지."

"그러면 약산에는 식초 말고 또 뭐가 있나요?"

"탄산음료 속에 들어 있는 탄산과 과일에 들어 있는 시트르산 같은 것들이 약산이야."

"먹을 수 있는 것들은 주로 약산이네요."

핵심정리

산이 물에 녹았을 때 수소 이온을 많이 내놓으면 산성이 강하고 적게 내놓으면 산성이 약해. 산성이 강하면 강산, 약하면 약산이라고 불러.

전류로 알 수 있어

"그러면 강염기와 약염기는 어떻게 구분해요? 위험한 물질인지 아닌지 미리 알아야 하잖아요?"

"물론 그렇지. 함부로 만지거나 맛을 봤다 큰일이 날 수도 있으니 말이야. 염기의 세기를 알 수 있는 또 다른 방법이 있어."

"그게 뭔데요?"

용선생의 과학 현미경

일정한 방향으로 움직이는 전하의 흐름을 전류라고 해. 물에 녹은 염기에서 나온 (+)이온은 전지의 (-)극으로, (-)이온은 전지의 (+)극으로 움직이면서 전류가 흘러.

"지난번에 이온은 전하를 띤 입자라고 했던 거 다들 기억나니?"

아이들은 눈동자를 굴리며 기억을 더듬었다. 용선생이 웃으며 다시 말했다.

"하하, 염기를 물에 녹이면 이온이 나오는데, 전하를 띤 이온이 수용액 속에서 움직이면 전류가 흘러. 이러한 성질을 이용해 염기의 세기를 측정할 수 있지. 바로 이걸로 말이야."

용선생은 전기 전도계를 짠 하고 꺼내 보였다.

"와! 그게 뭐예요?"

"이건 수용액에 전류가 흐르면 불이 켜지거나 소리가 나는 전기 전도계야. 전류가 세게 흐를수록 빨간색 불이 밝아지고 소리도 크게 나."

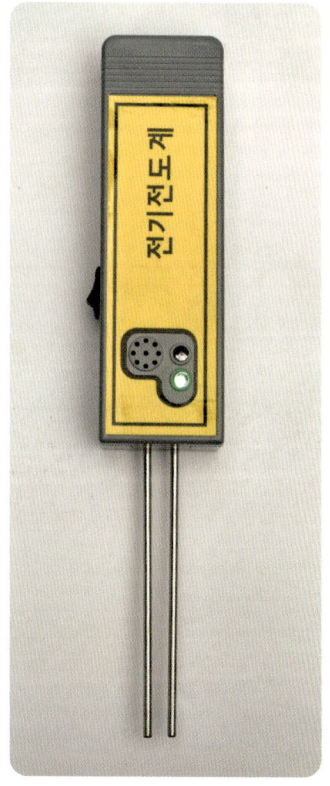

▲ **전기 전도계** 어떤 물질에 전류가 흐르는지, 또 얼마나 잘 흐르는지 확인하는 장치야. 안에는 전지가 있고 금속 막대 두 개는 각각 전지의 (+)극과 (-)극에 연결되어 있어. 초록색 불은 전원을, 빨간색 불은 측정하는 물질에 전류가 얼마나 잘 흐르는지를 나타내.

"오호! 이런 장치가 있었다니! 제가 해 볼래요."

장하다가 나서서 암모니아수에 전기 전도계를 담갔다.

"불이 들어오긴 했는데 불빛이 좀 약하네요."

"조금 전에 암모니아수에서는 수산화 이온이 매우 적게 나온다고 했지? 그만큼 전체 이온이 적어서 전류가 아주 약하게 흐르는 거야."

이번에는 나선애가 수산화 나트륨 수용액에 전기 전도계를 담갔다.

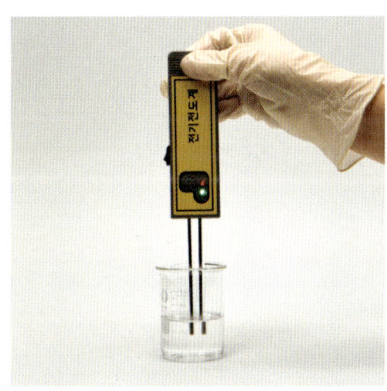 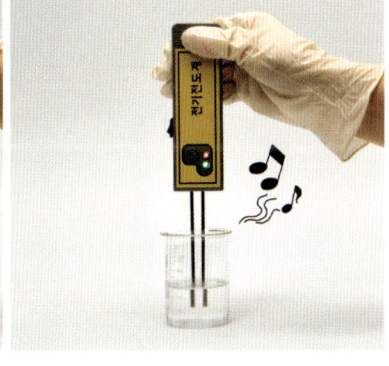 

▲ 암모니아수   ▲ 수산화 나트륨 수용액

"와! 불도 환하게 들어오고 소리도 크게 나요!"

"수산화 나트륨은 물에 녹았을 때 수산화 이온이 많이 나온다고 했지? 그만큼 전체 이온이 많아서 전류가 세게 흐르는 거야. 전기 전도계로 비교해 보니 강염기와 약염기가 확실히 구분되지? 이 방법은 강산과 약산을 구분할 때

에도 사용할 수 있어."

"저도 해 보고 싶어요! 산의 세기도 측정해 봐야죠!"

"하하, 그래. 이번엔 강산과 약산을 확인해 볼까?"

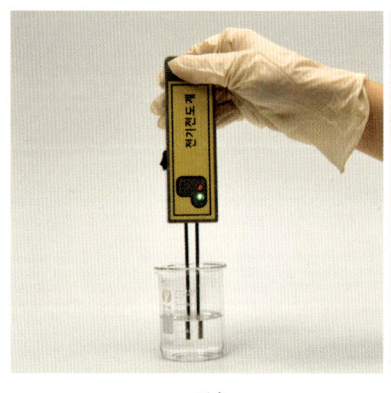

▲ 식초 　　　　　▲ 묽은 염산

"묽은 염산에서 빛이 더 잘 나요. 소리도 잘 나고요."

"역시나 강산에서 전류가 세게 흐르네요."

용선생이 정리하며 말했다.

"실험을 통해 본 것처럼 이온이 많은 강산과 강염기는 전류가 세게 흘러. 반대로 이온이 적은 약산과 약염기는 전류가 약하게 흐르지."

강염기와 강산에는 이온이 많기 때문에 전류가 세게 흘러. 전류가 흐르는 정도를 측정하면 산성과 염기성의 세기를 구분할 수 있어.

 ## 색으로 알 수 있어

"그런데요, 우리 집엔 전기 전도계가 없는데……. 산성과 염기성의 세기를 알 수 있는 다른 방법은 없나요?"

"맞아요. 매번 막힌 하수구에 부어 볼 수도 없잖아요."

왕수재의 말에 장하다도 맞장구쳤다. 그러자 용선생이 껄껄 웃으며 말했다.

"하하, 당연히 산성과 염기성의 세기를 간단하게 비교할 수 있는 방법이 있지."

"어떻게요?"

용선생은 아이들에게 노란색 띠처럼 생긴 종이를 꺼내 보여 주었다. 노란색 종이가 담긴 통에는 여러 가지 색이 표시된 색상표가 있었다.

"이 종이는 산성과 염기성의 세기에 따라 색이 변해. 만능지시약을 종이에 흡수시켜 만들었거든. 이 종이는 pH(피에이치) 시험지라고 해."

"와! 빨주노초파남보 무지개 색이네요. 이 종이가 정말 다 이 색깔들로 변해요?"

"그럼."

"그런데요, 선생님. 색마다 적혀 있는 수들은 뭐예요?"

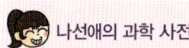 **나선애의 과학 사전**

만능지시약 산성, 중성, 염기성만 알려 주는 게 아니라 산성과 염기성의 세기도 알려 주는 지시약이야. 산성과 염기성의 세기에 따라 색이 계속 변할 수 있게 BTB 용액, 페놀프탈레인 용액 등의 지시약을 섞어 만들어.

▲ pH 시험지

나선애의 과학 사전

농도 일정한 양의 용액 속에 녹아 있는 물질의 양을 말해. 녹아 있는 물질의 양이 많을수록 농도가 진해지지. 단위는 보통 %(퍼센트)를 써.

수치 셀 수(數), 값 치(値). 계산하여 얻은 값을 말해.

▶ **pH 시험지의 색 변화** 측정하는 물질의 수소 이온의 농도에 따라 색이 달라지는 종이 지시약이야. 산성에서는 붉은색 계열, 중성에서는 녹색, 염기성에서는 푸른색 계열로 변해.

"그건 수소 이온의 농도를 기준으로 산성과 염기성의 세기를 수치로 나타낸 거야. 이 수치를 pH라고 해. pH 시험지는 수소 이온의 농도가 진할수록 붉은색이 되고, 농도가 연할수록 푸른색이 돼. pH 수치에 따라 pH 시험지의 색이 어떻게 변하는지 함께 확인해 보자."

용선생이 그림을 띄웠다.

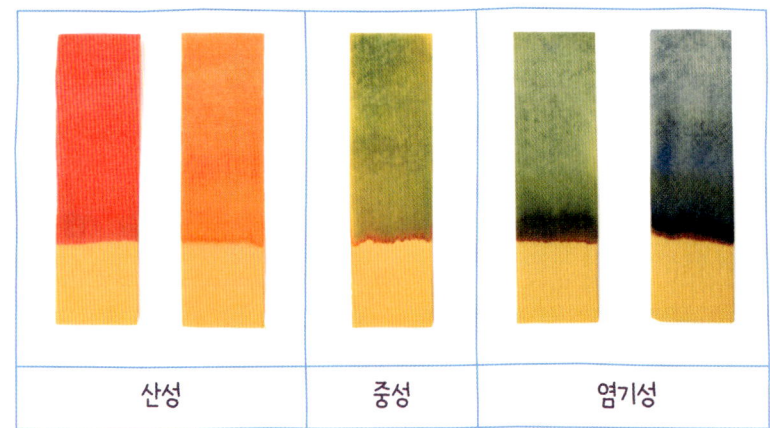

▼ 여러 가지 물질의 pH

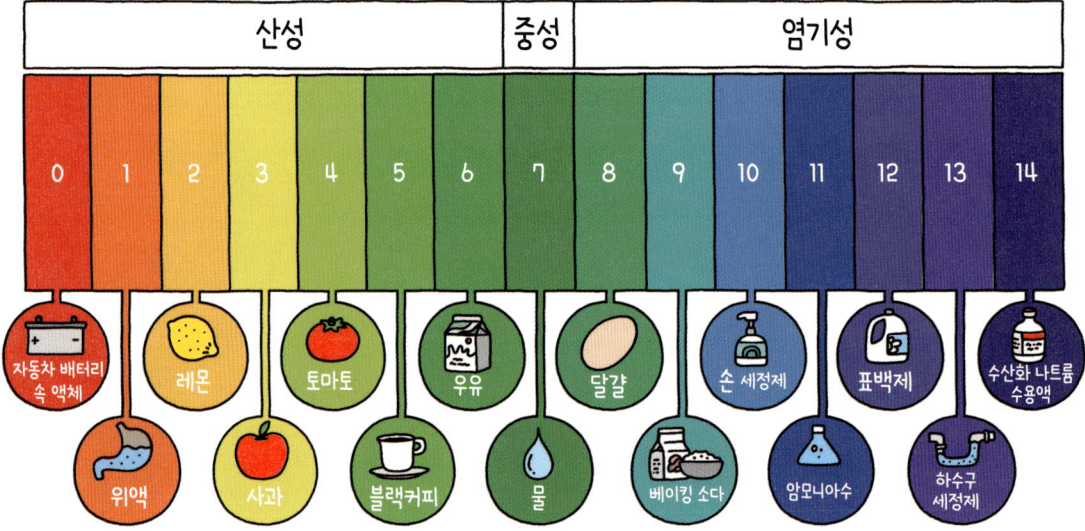

"일단 pH 수치가 7보다 작으면 산성, pH 수치가 7보다 크면 염기성이야. 또, pH 수치가 7보다 작아질수록 산성이 강하고, pH 수치가 7보다 커질수록 염기성이 강하지."

"레몬이 pH 2라니, 생각보다 강산인데요?"

"하수구 세정제는 pH 13이야. 역시 강염기였군."

"pH 수치와 색으로 표시하니까 정말 알아보기 쉬워요!"

"하하, 그렇지? 요즘에는 비누나 화장품 같은 제품에 pH 수치와 함께 '약산성', '중성', '약염기성' 등의 표시가 되어 있어. 산과 염기는 우리의 건강에도 영향을 미치는 만큼 잘 알고 쓸 필요가 있지."

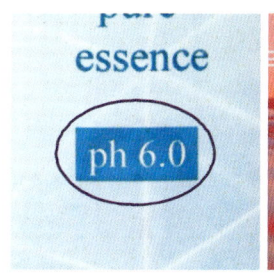

▲ pH가 표시된 제품들

핵심정리

pH 시험지는 수소 이온의 농도에 따라 색이 변하는 종이야. pH 시험지는 pH 수치를 0부터 14까지 측정할 수 있으며, pH 수치가 7보다 작아질수록 산성이, 7보다 커질수록 염기성이 강해.

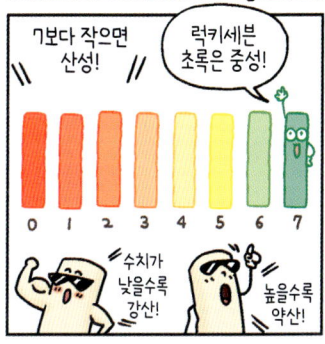

나선애의 정리노트

1. 산과 염기의 세기

산		염기	
강산	ⓐ	강염기	ⓑ
물에 녹였을 때 수소 이온을 많이 내놓는 물질	물에 녹였을 때 수소 이온을 적게 내놓는 물질	물에 녹였을 때 수산화 이온을 많이 내놓는 물질	물에 녹였을 때 수산화 이온을 적게 내놓는 물질
전류가 세게 흐름.	전류가 약하게 흐름.	전류가 세게 흐름.	전류가 약하게 흐름.
ⓒ	아세트산(식초), 탄산, 시트르산	ⓓ , 수산화 칼슘, 수산화 칼륨	암모니아수, 탄산수소 나트륨

2. pH

① 수소 이온의 농도를 기준으로 산성과 염기성의 세기를 수치로 나타낸 것

② pH 수치와 산과 염기의 세기

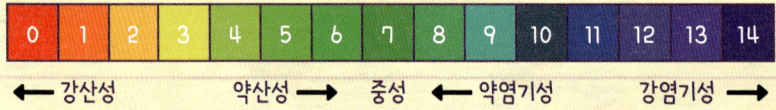

 # 과학퀴즈 달인을 찾아라!

●정답은 113쪽에

01

친구들이 이번 시간에 배운 내용에 대해 이야기하고 있어. 옳으면 O, 옳지 않으면 X를 표시해 줘.

① 수산화 나트륨 수용액에는 전류가 흘러. (　　)
② 마그네슘 조각을 넣었을 때 기체가 더 많이 발생할수록 강산이야. (　　)
③ pH 수치가 7보다 클수록 강산이야. (　　)

02

다음 보기의 문장 속 괄호에 들어갈 말을 순서대로 이으면 어떤 모양이 나올 거야. 그게 무슨 모양인지 그려 봐.

> **보기**
> 산이 물에 녹았을 때 (　　) 이온을 많이 내놓으면 산성이 매우 강한 (　　)이야.
> 수소 이온은 (　　) 전하를 띠는 입자야. 이온이 많은 강산은 전류가 세게 흘러.
> 마찬가지로 (　　)도 이온이 매우 많아 전류가 세게 흘러. 산과 염기의 세기는 (　　) 이온의 농도를 기준으로 산성과 염기성의 세기를 수치로 나타낸 pH를 이용해 간단하게 알 수 있어.

　　　　약염기　　　　　　　수소　　　　　　　수산화
　　　　　●　　　　　　　　 ●　　　　　　　　 ●

　　　　강산　　　　　　　　약산　　　　　　　강염기
　　　　　●　　　　　　　　 ●　　　　　　　　 ●

　　　　(-)　　　　　　　　(+)　　　　　　　　(-)
　　　　　●　　　　　　　　 ●　　　　　　　　 ●

용선생의 과학 카페 | 용선생의 한국사 카페 | 용선생의 세계사 카페

https://cafe.naver.com/yongyong

용선생의 과학 카페

과학계의 핵인싸,
용선생의 과학 카페에
오신 걸 환영합니다.

Log in

MENU

물리면 아프다
화학이 화하하
생물 오징어
지구는 둥글다

우리 몸에도 산과 염기가 있어!

지구에 있는 모든 물질은 산성, 중성, 염기성으로 분류할 수 있어. 우리 몸을 이루고 있는 물질 역시 산성, 중성, 염기성으로 나뉘지.
우리 몸을 감싸고 있는 피부는 약산성이야. 피부로 나오는 땀도 약산성이지. 몸 안쪽으로 들어가면 피가 흐르는데, 피는 약염기성이야.

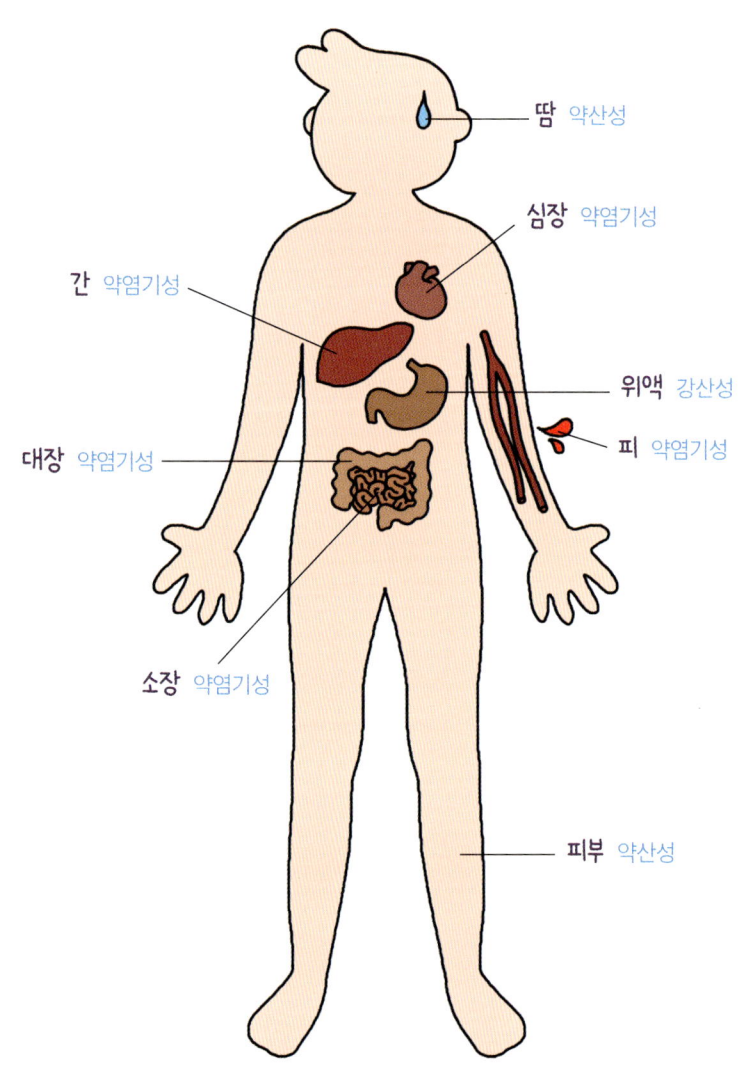

땀 약산성
심장 약염기성
간 약염기성
위액 강산성
피 약염기성
대장 약염기성
소장 약염기성
피부 약산성

우리 몸에도 강산이 있다는 거 아니? 바로 음식물이 소화되는 위에 있어. 위에서는 음식물을 잘게 분해하기 위해 위액을 내보내는데, 이 위액에는 강한 산성을 띠는 염산이 들어 있단다. 대부분의 산이 탄산 칼슘과 금속을 녹인다고 했던 것 기억나지? 강산은 우리 몸을 이루는 단백질도 녹일 수 있어.

하지만 너무 걱정하지 마. 우리 몸에는 위액이 우리 몸을 녹이지 못하게 막아 주는 장치가 다 있으니까.

장하다의 오답을 피하는 방법

나선애의 야무진 실험실

왕수재의 아는 척 과학교실

허영심의 별 헤는 밤

곽두기의 빅뱅 따라잡기

점액이 위벽을 감싸고 있어 위액이 위를 녹이지 못해!

어때? 우리 몸속의 산과 염기 신기하지?

COMMENTS

- 강산은 단백질도 녹이는구나.
  - 위액으로 막힌 하수관도 뚫겠는데?
    - 그냥 하수구 세정제를 쓰자!

6교시 | 중화 반응

산과 염기가 만나면?

이를 안 닦으면 왜 충치가 생기는 거지?

아이, 이 닦는 거 귀찮아.

"아……. 너무 아파."

허영심이 한쪽 볼을 감싸 쥐고 과학실로 들어오자 나선애가 물었다.

"영심아, 무슨 일 있어?"

"충치가 생겨서 치과에 갔는데 앞으로 양치질을 열심히 해야 한대. 선생님! 양치질을 안 하면 정말 충치가 생기나요?"

"맞아요! 우리 엄마도 맨날 양치 안 하면 이가 썩는다고 하시는데……."

충치는 왜 생길까?

"먼저 충치가 생기는 까닭부터 알아야겠지? 입속에는

음식 찌꺼기를 먹고 사는 세균들이 있어. 이 세균들이 내보내는 산성 물질 때문에 충치가 생기는 거야. 우리 이는 탄산 칼슘으로 되어 있거든."

"탄산 칼슘이요? 탄산 칼슘은 산에 녹는 거 아니에요?"

"맞아. 그래서 달걀 껍데기도 식초에 녹았지. 우리 이도 세균이 만든 산성 물질 때문에 녹아. 이가 녹아서 썩는 게 바로 충치야."

"세균들이 만드는 산성 물질이 문제군요!"

"그래. 충치가 생기는 걸 막으려면 입속에 남은 찌꺼기를 잘 없애서 세균들이 많아지지 못하게 해야 돼. 또 세균들이 만든 산성 물질도 없애야 하지. 그러기 위해서는 염기가 필요해."

"염기가 왜 필요해요?"

"산이 염기를 만나면 산성이 약해지거나 없어질 수 있거

> **용선생의 과학 현미경**
>
> 입속에는 여러 종류의 세균이 매우 많이 살고 있어. 침 한 방울에 약 60억 마리의 세균이 있을 정도지. 입속 세균은 설탕과 같은 당을 먹고 산성 물질을 만들어 내보내. 그래서 단것을 많이 먹으면 이가 썩는 거야.

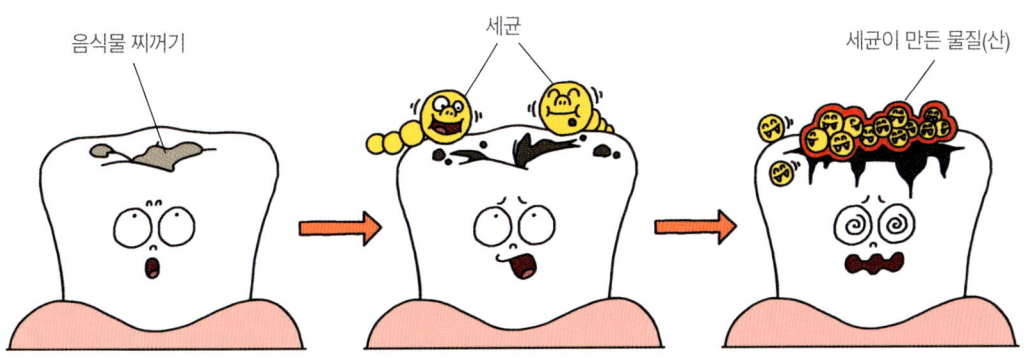

▲ 충치가 생기는 과정

든. 염기 역시 산을 만나면 염기성이 약해지거나 없어지기도 하고."

"네에? 산과 염기가 만나면 성질이 변한다는 거예요?"

> **핵심정리**
>
> 충치는 입속에 사는 세균이 음식 찌꺼기를 먹고 내보낸 산이 이를 녹여서 생겨. 그래서 충치를 막으려면 입속 음식 찌꺼기와 산을 없애야 해.

 ## 산과 염기가 만나면?

"먼저 이것부터 생각해 보자. 산과 염기가 물에 녹으면 어떤 이온을 내놓지?"

"산은 수소 이온과 음이온, 염기는 수산화 이온과 양이온을 내놓죠."

"그렇지. 산과 염기가 만나면 수소 이온과 수산화 이온이 결합해서 물이 만들어져."

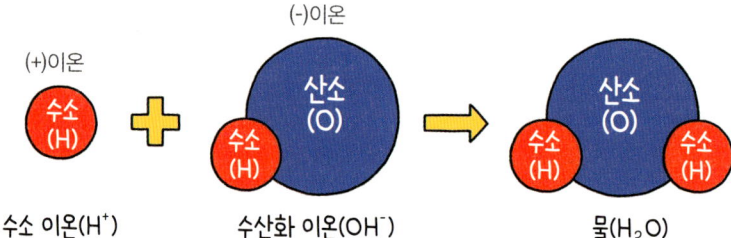

"와! 물이 만들어진다니 신기해요."

"산과 염기가 만나 물이 만들어지는 현상을 '중화 반응'이라 해. 이때 수소 이온과 수산화 이온이 결합하는 만큼 수소 이온과 수산화 이온의 수가 줄어드니까 산성과 염기성이 약해지는 거야."

"아, 그래서 세균들이 만든 산을 없애려면 염기가 필요한 건가요?"

"맞아! 이때 사용하는 염기가 바로 치약이야. 치약으로 양치질을 하면 음식 찌꺼기를 없앨 뿐 아니라 세균이 만든 산이 약해지기도 해."

"치약이 염기성이었구나!"

허영심과 장하다가 이제 이해가 된다는 듯 고개를 끄덕거렸다.

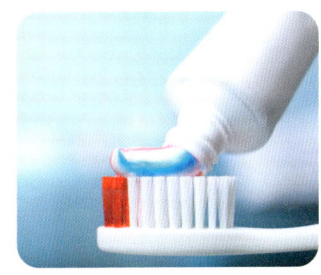
▲ 치약

핵심정리

산과 염기가 만나 물이 만들어지는 현상을 중화 반응이라 해. 중화 반응이 일어나면 산성과 염기성이 약해져.

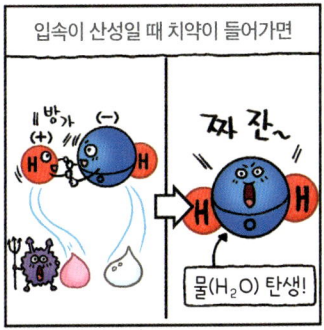

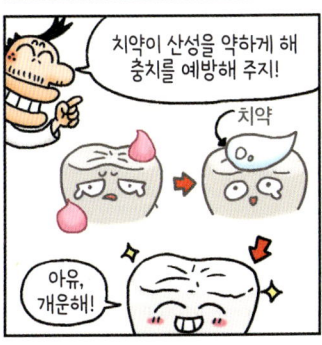

용선생의 과학 현미경

우리 주변의 중화 반응

중화 반응이 일어나면 산성이나 염기성이 약해져. 우리 생활 속에도 이러한 중화 반응을 이용하는 경우가 많아. 중화 반응을 어떻게 이용하는지 함께 살펴보자.

좀 더 자세히 들여다볼까?

비린내 나는 생선에 레몬즙을 뿌려!

생선에서는 미생물이 죽은 물고기의 몸을 분해하면서 생기는 염기 때문에 비린내가 나. 그래서 생선을 날것으로 먹거나 요리를 할 때 산성인 레몬즙을 살짝 뿌리면 중화 반응이 일어나 비린내가 줄어들지. 같은 원리로 생선을 요리한 도마와 칼을 식초로 닦으면 비린내를 깔끔하게 없앨 수 있어.

신김치에 달걀 껍데기나 조개껍데기를 넣어!

김치는 담근 지 오래될수록 젖산이란 산이 생기며 신맛이 강해져. 이렇게 시어진 김치에 탄산 칼슘으로 된 달걀 껍데기나 조개껍데기를 넣으면 중화 반응이 일어나 신맛이 약해져.

산성이 된 땅에 석회 가루나 재를 뿌려!

농작물 재배가 끝난 논밭은 화학 비료 때문에 산성을 띠게 된 경우가 많아. 게다가 산성비까지 내리면 땅은 더욱 강한 산성으로 변하지. 이렇게 산성을 띠게 된 토양에서는 식물들이 잘 자라지 못해. 그래서 염기성인 석회 가루나 볏짚을 태운 재를 뿌려 산성을 약하게 하지.

석회 가루

우리 몸속의 강산은 염기성 약으로 조절해!

우리 위에서는 강산인 위액이 나와 음식을 소화시키는데, 몸에 이상이 생기면 음식이 없어도 위액이 나오거나 소화시킬 음식보다 더 많은 위액이 나오기도 해. 그러면 위액에 의해 소화 기관이 상해서 배가 아프고 구토를 하는 등 여러 가지 증상이 나타나. 이때 염기성을 띠는 약인 제산제를 먹으면 위액의 산성을 약하게 해 증상이 나아질 수 있어.

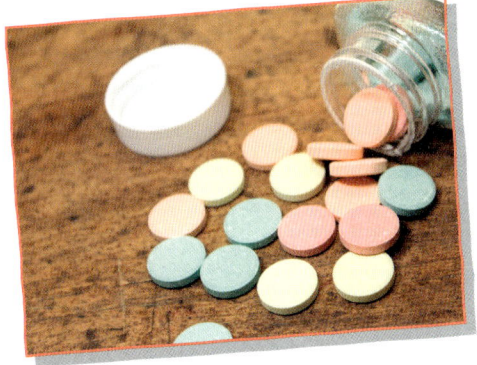

수영장 소독 후에는 염기를 넣어!

수영장을 소독할 때 많이 사용되는 염소는 물에 들어가 묽은 염산을 만들어. 이렇게 묽은 염산으로 산성이 된 물은 그대로 사용할 수 없기 때문에 수산화 나트륨 같은 염기성 물질을 넣어 산성을 약하게 하지.

수산화 나트륨

주방과 화장실의 물때는 식초로 닦아내!

땅의 대부분이 석회로 된 유럽에서는 수돗물에도 석회가 들어 있어. 그래서 물을 사용하는 도구들은 시간이 지날수록 곳곳에 흰색의 석회가 때처럼 생기지. 이것을 물때라고 불러. 이럴 때 산성인 식초를 이용하면 석회의 염기성이 약해져 물때가 잘 씻겨.

석회

식초

한 개씩 만나!

"그런데 말이야, 중화 반응의 결과는 상황에 따라 달라."
"어떻게 다른데요?"
"그건 직접 실험으로 확인해 보자."

용선생은 묽은 염산과 수산화 나트륨 수용액, 그리고 시험관 여러 개를 준비했다.

"자, 농도가 같은 묽은 염산과 수산화 나트륨 수용액을 준비했어. 지금부터 두 용액의 양을 조금씩 다르게 해서 섞은 뒤 지시약으로 용액의 성질이 어떻게 변했는지 확인해 보자."

용선생이 묽은 염산과 수산화 나트륨 수용액을 세 시험관에 각각 양을 달리해 섞은 뒤 BTB 용액을 넣자 시험관마다 각기 다른 색이 나왔다.

"BTB 용액이 파란색으로 변한 시험관은 염기성, 녹색은 중성, 노란색은 산성이겠군요."

"선생님, 왜 모두 결과가 다른 거죠? 묽은 염산과 수산화 나트륨 수용액을 같은 양으로 섞은 것만 중성이 됐어요."

▲ 중화 반응의 결과

아이들이 고개를 갸웃거렸다.

"산과 염기를 섞으면 산에서 나온 수소 이온과 염기에서 나온 수산화 이온이 각각 1개씩 만나 짝을 이뤄. 그래서 물 분자 1개가 되지."

"서로 개수가 맞지 않으면요?"

"짝이 없는 수소 이온이나 수산화 이온은 용액 속에 그대로 남아. 이때 수산화 이온이 수소 이온보다 더 많이 남으면 염기성이 되고, 수소 이온이 더 많이 남으면 산성이 되는 거야."

용선생은 실험 결과를 가리키며 설명을 계속했다.

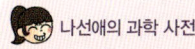

나선애의 과학 사전

분자 물질의 성질을 가지고 있는 가장 작은 입자야.

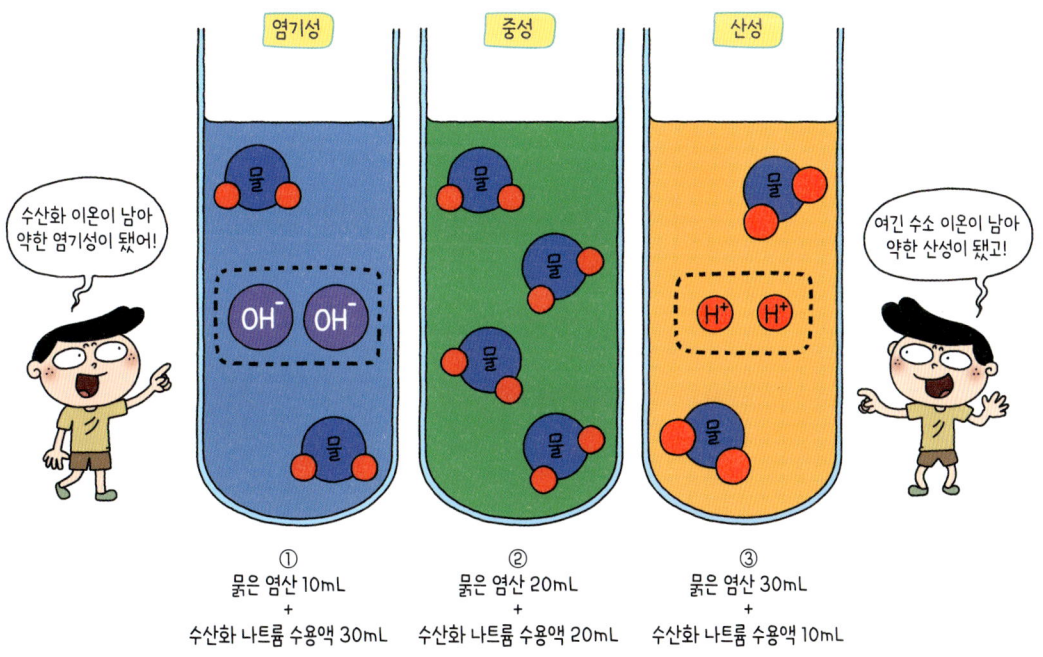

"하지만 같은 농도의 산과 염기를 같은 양으로 섞으면 두 이온이 모두 짝을 이루어 물이 되기 때문에 중성이 되지."

"중화 반응의 결과가 매우 다양하군요."

핵심정리

수산화 이온과 수소 이온은 1개씩 만나 물 분자 1개를 만들어. 그래서 같은 농도의 산과 염기를 같은 양으로 섞었을 때에만 중성이 돼.

물이 생길 때 일어나는 일

"어라? 시험관이 따뜻하네? 선생님, 이 시험관은 왜 따뜻해요?"

곽두기가 실험이 끝난 시험관을 만지다 놀라 말했다.

"중화 반응이 일어나면 물만 생기는 게 아니라 열도 생기거든. 그래서 용액의 온도가 높아진 거야."

"오오! 신기하다."

"세 개의 시험관 중 어느 것이 가장 온도가 높을까?"

"글쎄요."

100 6교시 | 중화 반응

아이들은 고개를 갸웃거렸다.

"수소 이온과 수산화 이온 사이에 중화 반응이 많이 일어날수록 열이 많이 생겨. 그래서 두 번째 시험관의 온도가 가장 높지."

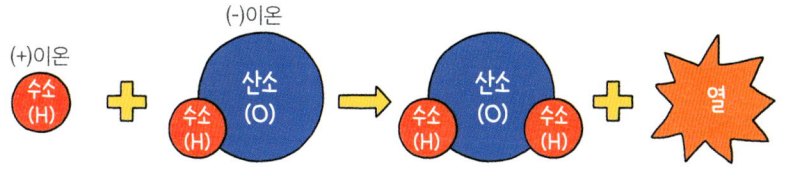

"정말 두 번째 시험관이 가장 따뜻해요."

"이렇게 산과 염기를 섞어 중화 반응이 시작되면 용액의 온도가 점점 높아져. 그러다가 수소 이온과 수산화 이온이 모두 만나 중화 반응이 끝나는 순간 가장 높은 온도에 도달한 후 온도가 내려가기 시작하지."

"중화 반응이 끝나면 온도가 다시 내려가는군요."

"정리하면, 산과 염기가 만나 중화 반응이 일어나면 물과 열이 생기고, 산성이나 염기성이 약해진다! 맞죠?"

"맞아! 역시 나선애야!"

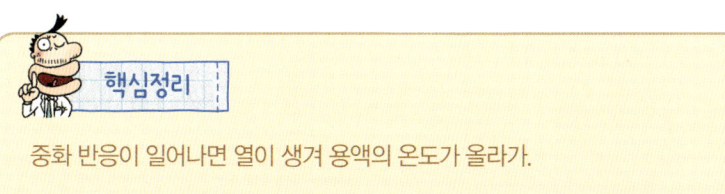

중화 반응이 일어나면 열이 생겨 용액의 온도가 올라가.

산과 염기를 알면 무엇이 좋을까?

첫 번째, 세상의 모든 물질은 산성, 중성, 염기성 중 하나!
산은 산끼리 산성이란 공통된 성질을 띠고, 염기는 염기끼리 염기성이란 공통된 성질을 띠고 있어. 그래서 어떤 물질이 산성인지 염기성인지 알면 직접 써 보기 전에도 어떤 성질을 갖는지 미리 알 수 있어. 예를 들어 처음 보는 물질이라도 산성이라면 금속이나 탄산 칼슘을 녹일 수 있다는 것을 알 수 있지.

두 번째, 산성이냐 염기성이냐에 따라 달라지는 사용법!
집 안 청소를 할 때 사용하는 세제는 보통 강한 산성이나 염기성을 띠어. 변기용 세제는 변기의 때가 주로 염기성이기 때문에 산성이고, 주방용 세제는 기름때를 없애야 하기 때문에 염기성이지. 하지만 때로는 변기용 세제를 주방에서 사용해야 하는 경우도 있어. 주방 도구에 붙어 있는 물때는 염기성이니까 주방용 세제보다는 산성을 띠는 변기용 세제를 사용하는 게 더 좋겠지?

▲ 다양한 세제

세 번째, 산업 현장에서도 쓸모가 많은 산과 염기!

전 세계적으로 가장 많이 사용되고 생산되는 화학 약품은 뭘까? 바로 강염기 중 하나인 석회야. 석회는 세계적으로 해마다 2800억 kg(킬로그램) 이상 생산되어 산성화된 토양을 중화시키고, 시멘트의 주재료로 사용되지.

▲ 공사장에서 사용되는 시멘트

그런가 하면 강산성을 띠는 황산은 석회의 뒤를 이어 매년 약 2000억 kg이 생산되고 있어. 황산은 비료나 공업용 화학 약품들을 만드는 데 사용될 뿐만 아니라, 자동차 배터리, 배수구 청소제의 주재료로 사용되고 있지. 이 외에도 염산, 수산화 나트륨, 암모니아 등의 산·염기도 화학 산업 현장에서 매우 유용하게 사용되고 있어.

▲ 비료 공장에서 생산된 비료들

나선애의 정리노트

1. 중화 반응
① 산과 염기가 만나 ⓐ   이 만들어지는 현상
② 산의 수소 이온과 염기의 수산화 이온이 각각 1개씩 만나 물 분자 1개가 됨.

2. 중화 반응으로 생기는 변화
① 산성이나 염기성이 약해짐.
- 같은 농도의 산과 염기를 ⓑ   양으로 섞으면 물이 되지 못하고 남은 이온의 종류에 따라 산성 혹은 염기성이 됨.
- 같은 농도의 산과 염기를 ⓒ   양으로 섞으면 수소 이온과 수산화 이온이 모두 물이 되어 ⓓ   이 됨.

② ⓔ   이 발생하여 용액의 온도가 올라감.

수소 이온(H⁺) + 수산화 이온(OH⁻) → 물(H₂O) + 열

ⓔ 열 ⓓ 중성 ⓒ 같은 ⓑ 다른 ⓐ 물

 # 과학퀴즈 달인을 찾아라!

●정답은 113쪽에

01

친구들이 이번 시간에 배운 내용에 대해 이야기하고 있어. 옳으면 O, 옳지 않으면 X를 표시해 줘.

① 산과 염기를 섞으면 수소 이온과 수산화 이온이 만나 물이 만들어져. (　)

② 산과 염기의 중화 반응이 일어나면 용액의 온도가 낮아져. (　)

③ 산과 염기를 섞으면 항상 중성이 돼. (　)

02

왕수재가 탄산음료에 든 기체를 모았는데, 이것이 이산화 탄소라는 걸 증명하는 실험을 하려고 해. 어떤 준비물이 필요한지 보기 에서 답을 찾아 줘.

보기
① 염기의 □□□ 이온과 산의 수소 이온이 만나면 중화 반응이 일어나.
② 사람의 이는 탄산 ○○ 으로 되어 있어 세균이 만드는 산에 녹아 충치가 생겨.
③ □□□ ○○ 을 물에 녹인 용액에 이산화 탄소를 넣으면 용액이 뿌옇게 흐려져.

☞ 알았다! 준비물은 □□□ ○○ 이야!

| 용선생의 과학 카페 | 용선생의 한국사 카페 | 용선생의 세계사 카페 | |

  https://cafe.naver.com/yongyong

용선생의 과학 카페

과학계의 핵인싸,
용선생의 과학 카페에
오신 걸 환영합니다.

Log in

오늘은 어떤 재미난 지식을 올려 볼까?

MENU

물리면 아프다
화학이 화하하
생물 오징어
지구는 둥글다

중화 반응을 알면 독도 문제없어!

우리나라 사람들이 반찬으로 즐겨 먹는 고사리의 싹에는 청산이라는 독이 들어 있어. 청산은 아주 강한 산성을 띠어서 우리 몸에 매우 위험해. 그런데 고사리를 어떻게 먹을 수 있는 걸까? 그 비밀은 고사리를 삶은 뒤 염기인 재를 뿌려 두는 거야. 그러면 고사리의 독과 염기가 만나 중화되면서 독의 성질이 약해져.

여름철에 간혹 해수욕장에 해파리가 나타나서 문제를 일으킬 때가 있어. 해파리는 촉수에 독을 가지고 있어서 쏘이면 매우 아프고 알레르기 반응이 일어나기도 해. 해파리에 쏘였을 때에는 어떻게 치료해야 할까?

◀ 고사리의 싹

만약 호주의 바닷가에서 해파리에 쏘였다면 식초를 바르면 나을 수 있어. 호주의 바다에 사는 해파리는 주로 라스톤입방해파리인데, 이 해파리는 독이 염기성이기 때문에 식초로 중화시킬 수 있거든.
하지만 우리나라의 바닷가에서 해파리에 쏘였을 때 식초를 바르면 위험해질 수 있어. 우리나라의 바다에 사는 해파리는 주로 노무라입깃해파리인데, 독이 산성이기 때문에 식초를 바르면 오히려 독성이 강해지거든. 이때에는 산성을 띠는 식초가 아니라 염기성을 띠는 암모니아수를 발라야 해.

▼ 호주에 주로 사는 라스톤입방해파리

▲ 우리나라에 주로 사는 노무라입깃해파리

- 장하다의 오답을 피하는 방법
- 나선애의 야무진 실험실
- 왕수재의 아는 척 과학교실
- 허영심의 별 헤는 밤
- 곽두기의 빅뱅 따라잡기

COMMENTS

- 이제부터 바닷가에 놀러 갈 땐 암모니아수를 챙겨야겠어.
  - 그걸 왜 챙겨? 오줌에도 암모니아가 있는데.
  - 윽! 더러워.
  - 살려면 어쩔 수 없지!

가로세로 퀴즈

산과 염기에 관한 가로세로 퀴즈야. 빈칸을 채워 봐.
띄어쓰기는 무시해도 돼.

가로 열쇠	① 레몬, 귤 같은 과일에 들어 있는 산의 종류 ② 산과 염기에 따라 색이 변하는, 포도로 만든 보라색 주스 ③ 수산화 나트륨처럼 염기성이 강한 물질을 가리키는 말 ④ 물은 산성도 염기성도 아닌 ○○ ⑤ 오줌 속에 들어 있는 염기의 한 종류로 지독한 냄새가 남. ⑥ 염기를 물에 녹이면 ○○○ 이온이 나옴. ⑦ 산이 가진 공통된 성질 ⑧ 베이킹 소다를 맛보면 느낄 수 있는 염기의 맛
세로 열쇠	❶ 리트머스 종이를 만드는 재료인 식물의 이름. ○○○○이끼 ❷ 염산처럼 산성이 강한 물질을 가리키는 말 ❸ 전류가 흐르는 정도를 나타내는 장치로, 산과 염기의 세기를 확인할 수 있어. ○○ 전도계 ❹ 염기가 가진 공통된 성질 ❺ 식초에 들어 있는 산의 종류 ❻ 산과 염기가 만나 물이 만들어지는 현상. ○○ 반응 ❼ 레몬, 귤, 사과 등의 과일을 맛보면 느낄 수 있는 산의 맛

●정답은 113쪽에

교과서 속으로

> 교과서에서는 어떻게 배울까?

초등 5학년 2학기 과학 | 산과 염기

산성 용액과 염기성 용액에 물질을 넣으면 어떻게 될까?

- **용액의 성질**
  - 산성 용액에 달걀 껍데기나 대리석 조각을 넣으면 기포가 생기면서 녹는다.
  - 염기성 용액에 삶은 달걀 흰자나 두부를 넣으면 녹아서 흐물흐물해진다.

- **산성 용액과 염기성 용액 섞기**
  - 산성 용액에 염기성 용액을 넣으면 산성이 약해진다.
  - 염기성 용액에 산성 용액을 넣으면 염기성이 약해진다.

 산과 염기를 섞으면 물이 만들어져!

초등 5학년 2학기 과학 | 산과 염기

지시약을 이용하여 용액을 분류하여 볼까?

- **리트머스 종이**
  - 붉은색 종이는 염기성에서 푸르게, 푸른색 종이는 산성에서 붉게 변한다.

- **페놀프탈레인 용액**
  - 염기성에서만 붉게 변한다.

- **자주색 양배추 지시약**
  - 산성 용액에서는 붉은색, 염기성 용액에서는 푸른색이나 노란색으로 변한다.

 세상의 모든 물질은 산성, 중성, 염기성 중 하나라는 거!

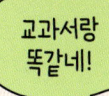

초등 5학년 2학기 과학 | 산과 염기

우리 생활에서 산성 용액과 염기성 용액을 어떻게 이용할까?

- **산성 용액을 이용하는 예**
  - 생선을 손질한 도마를 식초로 닦아 낸다.
  - 변기를 청소할 때에 산성인 변기용 세제를 이용한다.
- **염기성 용액을 이용하는 예**
  - 욕실을 청소할 때 염기성인 표백제를 사용한다.
  - 산성인 요구르트를 마신 후, 염기성인 치약으로 양치질을 한다.

 대부분 산과 염기가 만나 중화 반응이 일어나는 경우네!

중 2학년 과학 | 물질의 구성

물질의 구성 입자

- **원자는 물질을 구성하는 기본 입자**
  - 원자는 (+)전하를 띠는 원자핵과 (-)전하를 띠는 전자로 이루어져 있다.
- **이온**
  - 원자가 전자를 잃으면 (+)전하를 띠고, 전자를 얻으면 (-)전하를 띠는데, 이런 입자를 이온이라 한다.
  - (+)전하를 띤 입자를 양이온, (-)전하를 띤 입자를 음이온이라 한다.

 수소 이온은 양이온, 수산화 이온은 음이온!

찾아보기

강산 76-77, 79, 81-82, 85-86, 88-89, 97, 103
강염기 73-77, 79, 81-82, 85-86, 103
구연산 14
금속 19-22, 41, 45-46, 50, 52, 58, 76-80, 89, 102
기포 14, 17, 20, 77
농도 84-86, 98, 100, 104
단백질 27-29, 72, 89
달걀 껍데기 17, 19, 22, 93, 96
대리암 17, 22
질산 77-79
리트머스 종이 61-63, 65, 67-68, 95
리트머스이끼 61, 63, 68
마그네슘 20, 22, 76-77
베이킹 소다 31-34, 43, 61-62, 64, 66, 72-73, 75, 77, 84
비누 28-29, 34, 43, 57, 85
사과산 13, 15, 22
산성 41-43, 45-46, 49-50, 52-53, 57, 59-60, 62-64, 66-68, 75-79, 82-86, 88-89, 93-104, 106-107
산성비 40-41, 43, 49, 52-53, 60, 96
석회 동굴 17-19
석회수 30, 47, 75
석회암 17-19, 22
세균 46, 93-95
수산화 나트륨 27-29, 34, 47-50, 73-75, 77, 81, 84, 86, 97-99, 103
수산화 이온 42-43, 46-50, 73-75, 81, 86, 94-95, 99-101, 104
수산화 칼륨 29-30, 34, 75, 77, 86
수산화 칼슘 29-30, 34, 47-49, 75, 77, 86
수소 이온 42-46, 48, 50, 76, 78-79, 84-86, 94-95, 99-101, 104
수소 기체 44, 46, 77-78
시트르산 13-15, 22, 29, 45-46, 49, 77, 79, 86
식초 15-17, 19-22, 43-46, 57, 61-64, 67, 76-79, 82, 86, 93, 96-97, 107
신맛 12-16, 22, 40-41, 50, 52, 96
쓴맛 32-34, 50
아세트산 15, 22, 29, 44-46, 76, 79, 86
알루미늄 20-21
암모니아(수) 30, 34, 48-49, 73-75, 77, 81, 84, 86, 103
약산 76-77, 79, 81-82, 85-86
약염기 73-77, 79, 81-82, 85-86
양이온 42-44, 46-48, 50, 73, 94
염기성 41-43, 48-50, 57, 59-60, 62, 64-68, 72-76, 82-86, 88, 94-102, 104, 107
염산 19-20, 29, 43-46, 76-79, 82, 86, 89, 97-99, 101, 103
염화 수소 44, 50
염화 이온 44-45, 50, 76
용액 45, 64, 66-68, 83-84, 98-101, 104
음이온 42-46, 50, 94
이산화 탄소 14-15, 18, 30, 33, 48-49, 52
입자 42, 80, 99
자주색 양배추 58-59, 68
전기 42
전기 전도계 80-81, 83
전하 42-43, 80
조개껍데기 17, 19, 22, 96
중성 49, 57-58, 62-68, 83-86, 88, 98, 100, 102, 104
중화 (반응) 95-96, 98, 100-101, 103-104, 106-107
지시약 58-61, 63-68, 83-84, 98
충치 92-95
치약 95
칼슘 이온 47-48
탄산 칼슘 16-17, 19, 22, 41, 50, 52, 89, 93, 96, 102
탄산음료 14-16, 20-22, 79
탄산수소 나트륨 31-34, 86
페놀프탈레인 66-68, 83
포도주스 56-58, 63, 67
하수구 세정제 26-29, 33-34, 43, 73, 75, 82, 84-85, 89, 101
BTB 64, 66-68, 83, 98
pH 83-86

퀴즈 정답

1교시

01 ① O   ② O   ③ X

02

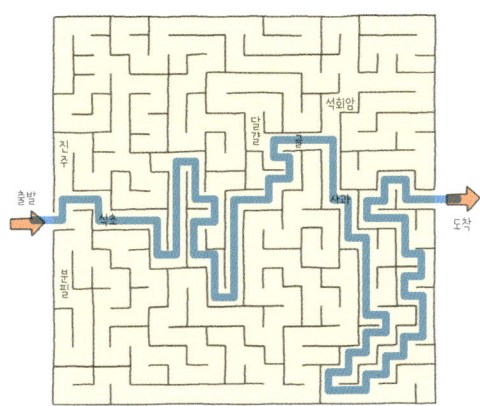

2교시

01 ① O   ② X   ③ O

02 ① 염기
     ② 암모니아
     ③ 수산화

3교시

01 ① O ② X ③ O

02

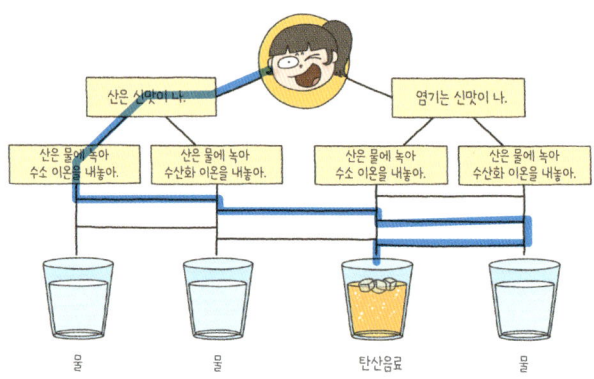

4교시

01 ① O ② O ③ X

02

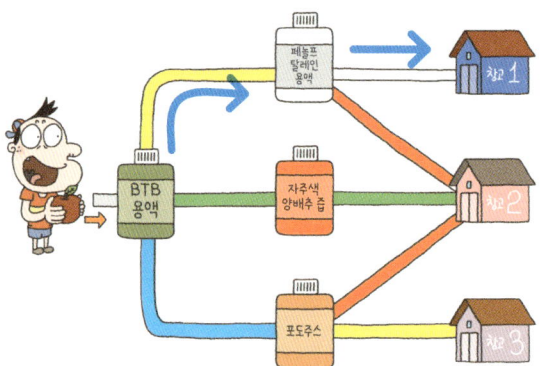

5교시

01 ① O ② O ③ X

02

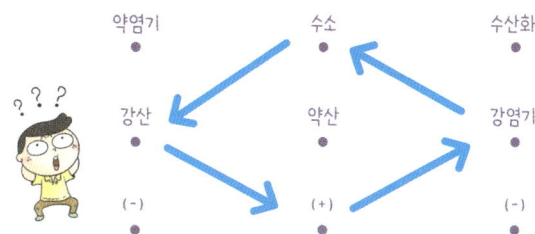

> 산이 물에 녹았을 때 (**수소**) 이온을 많이 내놓으면 산성이 매우 강한 (**강산**)이야.
> 수소 이온은 (**+**) 전하를 띠는 입자야. 이온이 많은 강산은 전류가 세게 흘러.
> 마찬가지로 (**강염기**)도 이온이 매우 많아 전류가 세게 흘러. 산과 염기의 세기는 (**수소**) 이온의 농도를 기준으로 산성과 염기성의 세기를 수치로 나타낸 pH를 이용해 간단하게 알 수 있어.

6교시

01 ① O ② X ③ X

02 ① 수산화
　　　② 칼슘
　　　③ 수산화 칼슘

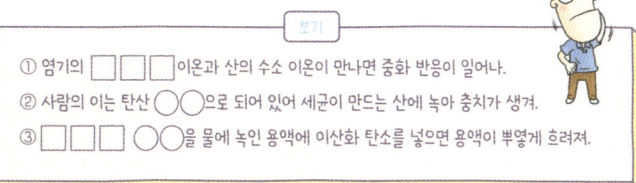

① 염기의 ▢▢ 이온과 산의 수소 이온이 만나면 중화 반응이 일어나.
② 사람의 이는 탄산 ○○으로 되어 있어 세균이 만드는 산에 녹아 충치가 생겨.
③ ▢▢▢ ○○을 물에 녹인 용액에 이산화 탄소를 넣으면 용액이 뿌옇게 흐려져.

👉 알았다! 준비물은 이야!

가로세로 퀴즈

					❶리		❷강		
				①시	트	르	산		
					머				❸전
		②포	도	주	스		③강	❹염	기
								기	
							④중	성	
❺암	모	니	❺아						
			세				❻중		
			트		⑥수	산	화		❼신
			⑦산	성				⑧쓴	맛

일러두기

- 맞춤법과 띄어쓰기는 국립국어원에서 펴낸 《표준국어대사전》을 따랐습니다.
- 과학 용어 표기는 《2015 개정 교육과정에 따른 교과용도서 개발을 위한 편수자료Ⅲ 기초과학, 정보 편》을 따랐습니다.
- 이 책에 실린 사진은 저작권자로부터 사용 허가를 받았습니다. 저작권자와 접촉하기 위해 최선을 다했으나 불가피한 사정으로 사용 허가를 받지 못한 일부 사진에 대해서는 저작권자와 연락이 닿는 대로 게재 허락을 받고 사용료를 지불하겠습니다.
- 이 책에 실린 그림의 저작권은 별도의 표기가 없는 한 사회평론에 있습니다.

사진 제공

14쪽: 북앤포토 | 15쪽: 픽스히어 | 16쪽: 북앤포토 | 20쪽: 북앤포토, Brücke-Osteuropa(wikimedia commons_CC1.0) | 27쪽: 북앤포토 | 30쪽: 북앤포토 | 32-33쪽: 북앤포토 | 54-55쪽: 북앤포토 | 57쪽: 북앤포토 | 59쪽: 북앤포토, 픽스히어 | 61쪽: 북앤포토, Christian Hummert(wikimedia commons_CC3.0) | 62쪽: 북앤포토 | 64쪽: 북앤포토 | 70-71쪽: 북앤포토 | 77쪽: 북앤포토 | 78쪽: 북앤포토 | 80쪽: 북앤포토 | 81쪽: 북앤포토 | 82쪽: 북앤포토 | 83쪽: 북앤포토 | 84쪽: 북앤포토 | 85쪽: 북앤포토 | 96쪽: 북앤포토 | 98쪽: 북앤포토 | 107쪽: David Fleetham(Alamy Stock Photo), crowdpic | 그 외: 셔터스톡

용선생의 시끌벅적 과학교실 | 산과 염기

1판 1쇄 발행	2019년 12월 20일
1판 8쇄 발행	2025년 3월 3일
글	우현승, 이현진, 김형진, 설정민, 이명화
그림	김인하, 뭉선생, 윤효식
감수	노석구
캐릭터	이우일
어린이사업본부	이승필
책임편집	최미라
편집	정세민, 이명화, 홍지예, 김미화, 최예리, 윤성진, 박하림, 김예린
마케팅	윤영채, 정하연, 안은지, 박찬수, 강수림
경영지원본부	나연희, 주광근, 오민정, 정민희, 김수아, 김승현
아트디렉터	강찬규
디자인	가필드
사진	북앤포토
펴낸이	윤철호
펴낸곳	(주)사회평론
전화	02-326-1182
팩스	02-326-1626
주소	03993 서울시 마포구 월드컵북로6길 56 사평빌딩
출판등록	1993년 10월 6일 제 10-876호

ⓒ 사회평론, 2019

ISBN 979-11-6273-073-7 73400

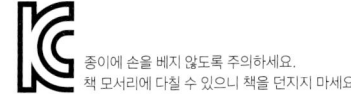
종이에 손을 베지 않도록 주의하세요.
책 모서리에 다칠 수 있으니 책을 던지지 마세요.

- 이 책 내용의 일부나 전부를 다시 사용하려면 저작권자와 사회평론의 동의를 받아야 합니다.
- 잘못 만들어진 책은 바꾸어 드립니다.